Com Asas de Amor e Sabedoria

GIOVANNA,

O mundo é um lugar de abençoadas lições... e de pessoas lindas e especiais como você. Seus "olhos de estrela" transmitem amor! Seja muito feliz.

Com amor,
Michelle

www.anjadourada.com

Michelle Campos

Inesquecíveis viagens pelo mundo físico e espiritural

© 2019, Madras Editora Ltda.

Editor:
Wagner Veneziani Costa

Produção e Capa:
Equipe Técnica Madras

Revisão:
Jerônimo Feitosa
Arlete Genari

Dados Internacionais de Catalogação na Publicação
(CIP)(Câmara Brasileira do Livro, SP, Brasil)

Campos, Michelle
Com asas de amor e sabedoria: inesquecíveis viagens pelo mundo físico e espiritual/ Michelle Campos. – São Paulo: Madras, 2019.

ISBN 978-85-370-1204-8

1. Autoestima 2. Espiritualidade 3. Gratidão 4. Experiências de vida 5. Felicidade 6. Reflexões 7. Relatos de viagens I. Título.

19-27120   CDD-910.4

Índices para catálogo sistemático:
1. Relatos de viagens   910.4
Cibele Maria Dias – Bibliotecária – CRB-8/9427

É proibida a reprodução total ou parcial desta obra, de qualquer forma ou por qualquer meio eletrônico, mecânico, inclusive por meio de processos xerográficos, incluindo ainda o uso da internet, sem a permissão expressa da Madras Editora, na pessoa de seu editor (Lei nº 9.610, de 19/2/1998).

Todos os direitos desta edição reservados pela

MADRAS EDITORA LTDA.
Rua Paulo Gonçalves, 88 – Santana
CEP: 02403-020 – São Paulo/SP
Caixa Postal: 12183 – CEP: 02013-970
Tel.: (11) 2281-5555 – Fax: (11) 2959-3090
www.madras.com.br

Dedico este livro a todos os seres alados que já cruzaram minha vida...

JESUS... Meu pai, meu amigo, meu conselheiro, meu guia, meu educador... meu MESTRE.

OCYR e ELIZABETH... Meus pais. Vocês me deram a vida, eu sou parte de vocês e vocês são parte de mim.

EROS... Seu brilho, sua paz, companheirismo e dedicação tornaram minha vida ainda mais feliz.

Dr. JOÃO e D. GISELA... Quando minhas asas eram ainda pequenas, vocês me olharam com ternura e me deram oportunidade real de fazê-las crescer.

SYLVINHO... Sua amizade, carinho e espiritualidade foram um farol sempre a me guiar.

LUCIANA LEIRIAS e ESMERALDA... Madrinhas abençoadas que tocam sinos de alegria e abrem caminhos luminosos para uma nova alvorada.

PADINHA e FELIPE... A generosidade de vocês marcaram minha vida de uma forma especial.

A vocês... *gratidão eterna!*

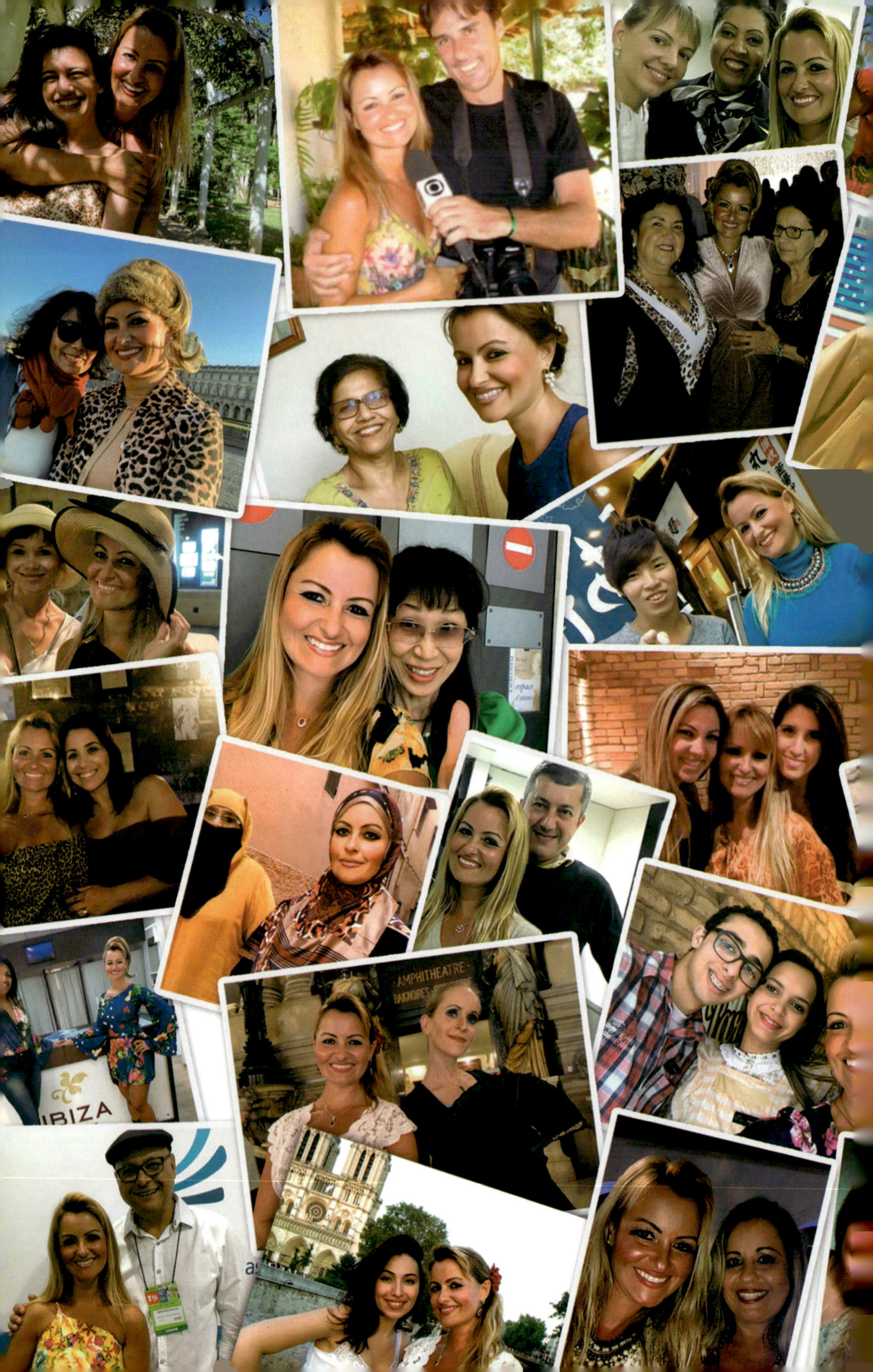
AMPHITHEATRE
IBIZA

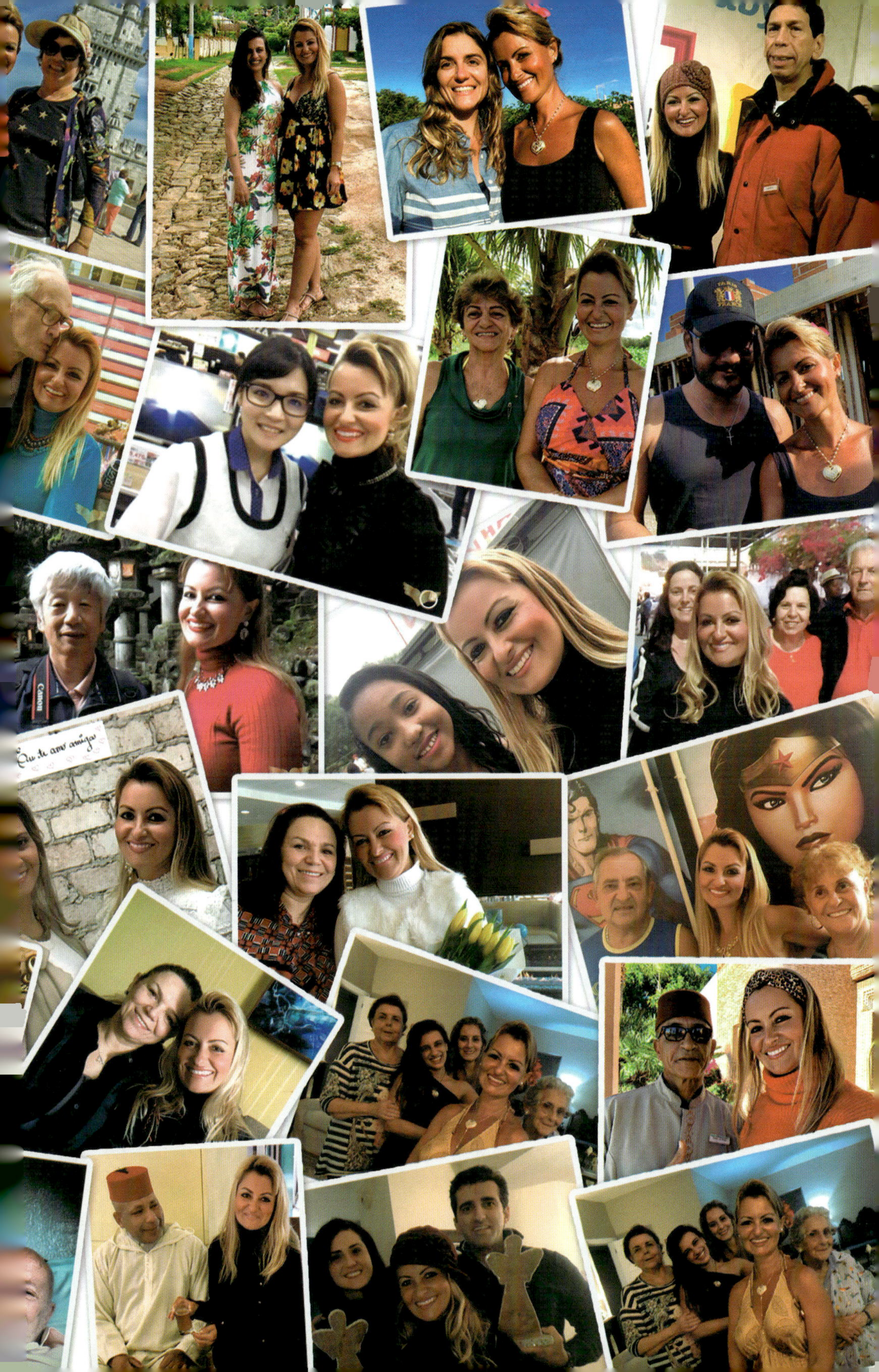

Canon
Eu te amo amigas

ÍNDICE

Estados Unidos da América
Bryant Park 24

Áustria
Viena 26

França
Museu do Louvre 28

Portugal
Lisboa 30

Brasil
Jardim Botânico 32

França
Monet 34

Japão
Parque Nacional de Nara 36

Itália
Papa Francisco 38

Alemanha
Albert Einstein 40

Brasil
Chico Xavier 42

França
Galeries Lafayette 44

França
Carrossel do Louvre 46

Brasil
Leopoldina 48

França
Christian Dior 50

Áustria
Mozart 52

Estados Unidos da América Atlanta
– Museu da Coca-Cola – 54

França
Torre Eiffel 56

Espanha
Catedral de Barcelona 58

Espanha
Antoni Gaudí 60

Brasil
Fonte de Água Mineral Hélios 62

França
Coco Chanel 64

Itália
Monte Palatino 66

Grécia
Rhodes 68

França
Eurodisney 70

Portugal
Mosteiro dos Jerónimos 72

Chile
Patagônia Puerto 74

Estados Unidos da América
Central Park 76

Bélgica
Bruges 78

Brasil
Grupo Energisa 80

França
Catedral Notre-Dame de Paris 82

Portugal
Torre de Belém 84

França
Opera Garnier 86

Portugal
Monumento Gago Coutinho
e Sacadura Cabra 88

Estados Unidos da America
Museu Madame Tussauds 90

Estados Unidos da América
Port Authority 92

Brasil
Sol e Neve 94

Argentina
Mendoza 96

Grécia
Platão 98

Estados Unidos da América
Atlanta 100

França
Universidade Sorbonne 102

Japão
Kyoto 104

Estados Unidos da América
Museu Ripley's Believe It or Not 106

França
Museu Grévin 108

Brasil
Rio de Janeiro 110

Brasil
Futebol 112

França
Basitica do Sagrado Coração 114

Itália
Veneza 116

Japão
Takamatsu 118

Brasil
Daniel Bertorelli 120

Polinésia Francesa
Tahiti 122

França
Juan-Les-Pins 124

Portugal
Museu do Combatente 126

Estados Unidos da América
Los Angeles 128

Brasil
Mar de Espanha 130

Estados Unidos da América
Escultura Love 132

França
Praça Saint Michel 134

Polinésia Francesa
Bora Bora 136

Japão
Asakusa 138

Estados Unidos da América
Broadway 140

Estados Unidos da América
Aspen 142

Brasil
Itatiaia 144

Brasil
Piacatuba 146

Japão
Templo Senso Ji 148

Brasil
Escola Estadual Professor Botelho Reis 150

Japão
As Gueixas 152

Estados Unidos da América
Os Super-Heróis 154

Brasil
Cataguases 156

Itália
Coliseu 158

Estados Unidos da América
Brooklyn Bridge 160

Suiça
Genebra 162

Brasil
Santos Dumont 164

Japão
Os Monges 166

Japão
Os Samurais 168

Japão
Buda 170

Japão
Templo Toda-Ji 172

Brasil
Aeroporto de Congonhas 174

Espanha
Casa Batlló 176

França
Arco do Triunfo 178

França
Nice 180

Brasil
Bonin 182

Estados Unidos da América
Washington D.C. 184

Índia
Gandhi 186

Inglaterra
Família Real Britânica 188

Índia
Santa Madre Teresa de Calcutá 190

Brasil
Haroldo Dutra Dias 192

Estados Unidos da América
Billy Grahan 194

Estados Unidos da América
Casa Branca 196

Itália
Fonte de Trevi 198

Brasil
Renato Prieto 200

Brasil
Varig 202

Irlanda
Dublen 204

África
Marrakesh 206

INTRODUÇÃO

Os **ANJOS** sempre foram uma presença constante em minha vida...

Tudo começou quando eu ainda era uma criança no interior de Minas Gerais e saía pelas casas, ruas e igrejas para abençoar e orar.

E eu adorava isso!

Erámos muitos anjinhos... Todos vestidos com suas túnicas de cores claras e asinhas brancas. As pessoas nos olhavam com alegria e ternura... Eram momentos verdadeiramente especiais.

E assim fui crescendo... Vestindo-me como os **ANJOS** e tendo muitos sonhos com os **ANJOS**. Recebia mensagens através desses sonhos, avisos, conselhos, ouvia músicas que ninguém ao meu redor escutava e até tinha visões claras de acontecimentos futuros a respeito da minha própria vida e da vida de algumas pessoas ao meu redor.

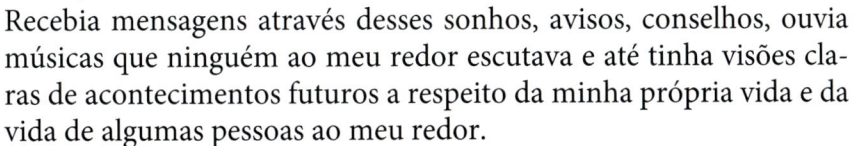

Mesmo minha profissão foi escolhida por me sentir atraída, próxima e encantada pelos **ANJOS**: sou *Aeromoça*.

Acho engraçado relembrar que minha mãe, por diversas vezes, como todas as mães do mundo, me fazia a seguinte pergunta:

– Michelle, o que você quer ser quando você crescer?

– Mãezinha, eu quero ser **ANJO**! – respondia eu toda feliz.

E ela, com um semblante às vezes decepcionado, às vezes irritado, me dizia:

– Minha filha, essa profissão não existe!

Mas eu não desisti... E, bem, o tempo passou e digamos que conquistei minhas asas.

São mais de 25 anos de profissão, voando, incansavelmente, pelos céus deste mundo.

Já viajei por mais de 40 países, 6 continentes e 1.500 cidades mundo afora, aproximadamente.

Estudei inglês e francês, o que ampliou minhas oportunidades de conhecer e conversar com muitas pessoas, adquirindo assim experiências incontáveis e conhecimentos múltiplos por meio de culturas diversificadas e diferenciadas.

Compreendo que uma das minhas características pessoais é perceber o sentimento daqueles que estão próximos a mim, e essa percepção foi levada também para aqueles que embarcam no meu avião. Seres humanos que estão ali, a bordo, muitos com medo de voar, outros tristes porque se despediram de pessoas amadas e precisaram partir para terras distantes em busca de novos sonhos e oportunidades, outros ainda, viajando para batizados, funerais, casamentos, férias, compromissos de trabalho, etc.

São tantas idas e vindas, chegadas e partidas, encontros, reencontros e despedidas... Tantas histórias surpreendentes.

E por vezes incontáveis, eu me vi ali, ao lado daquele ser humano para escutá-lo, ampará-lo, fortalecê-lo, guiá-lo e acalmá-lo.

Em alguns momentos era chamada de *ANJA*, talvez pelo fato de trabalhar no avião. Outros tantos momentos era chamada de *ANJA DOURADA*, acredito que pelo fato de morar na praia e estar sempre bronzeada.

O mais importante para mim, porém, não era o nome que me davam, mas, sim, o sorriso que recebia, o olhar que me lançavam, a mão estendida em gratidão ou a palavra dita bem baixinho:

– Obrigada!

Os anos passaram, as viagens prosseguiram, os amigos especiais foram chegando, muitas histórias foram surgindo. E, em uma dessas viagens pelo mundo, mais precisamente no dia 4 de setembro de 2016, pousei em Roma (Itália), no dia exato da canonização de *Madre Teresa de Calcutá*.

Apesar da viagem cansativa, cheguei ao hotel, tomei um banho rápido e fui direto para o Vaticano; não queria perder um só momento.

Lá chegando, surpreendi-me ao ver mais de 100 mil pessoas na Praça São Pedro (em italiano: *PIAZZA DI SAN PIETRO*) para celebrar a canonização da Santa Madre.

Uma emoção bastante forte tomou conta de mim... eu que sempre fui uma fiel admiradora dessa mulher de corpo pequeno e franzino, mas de alma forte, caridosa e nobre.

– *Santa Madre Teresa de Calcutá* – anunciou o Papa Francisco naquela manhã ensolarada.

"Missão cumprida", pensei, "posso voltar para meu hotel com alegria no coração".

Quando, porém, fazia o caminho de volta, recebi o telefonema de Josita, uma amiga muito querida, pedindo-me para comprar uma estátua da Santa Madre.

E lá fui eu para essa missão "quase impossível", já que estava ali disputando com mais de 100 mil pessoas o mesmo objeto de desejo.

Algumas dezenas de tentativas frustradas e, finalmente, encontro a estátua da Santa Madre e a coloco em meus braços, com todo o cuidado de quem sabe que segura um tesouro.

Agora sim... Depois de três missões cumpridas no mesmo dia: voo internacional, canonização e compra da estátua, já podia voltar tranquilamente para meu hotel.

Caminhando pelas ruas de Roma, iluminadas por aquele pôr do sol magnífico, entre as colunas do fórum romano, avisto, ao longe, uma escultura de *asas*: linda, branca, imponente... eram asas de mármore.

Atração irresistível; eu senti vontade de tirar algumas *selfies*.

Caminhei em direção à escultura e, para minha surpresa, ao me colocar na posição ideal para a foto, as asas se encaixaram perfeitamente nas minhas costas.

Enquanto eu estava ali, em Roma, uma cidade de tantas histórias importantes para a humanidade, voltando de uma canonização, com uma santa em meus braços, asas de mármore em minhas costas e um pôr do sol à minha frente, entre colunas romanas a encantar o meu olhar e o meu coração, caminha em minha direção uma criança de aproximadamente 4 anos de idade.

Meu primeiro pensamento foi:

– Onde está a mãe dessa criança?

Em questão de segundos, eu já elaborava meu segundo pensamento:

– Por que essa criança está vindo sozinha em minha direção?

Não tive tempo para formular a resposta, porque a criança se aproximou rapidamente, jogou algo em meu vestido na altura da minha cintura e sorriu, com seus dentes branquinhos, seus olhos azuis e seu cabelinho dourado.

Um pouco surpresa ainda, olhei para o chão à procura do objeto. Quando o encontrei, para meu espanto, o tal objeto era nada mais, nada menos, que uma moeda de 1 euro.

Sorri e me abaixei para pegar a moeda, com a intenção de devolvê-la para a criança.

Quando me levantei, para minha estranheza, a criança não estava mais por perto, realmente desaparecendo em alguns segundos, apesar de tê-la procurado com os olhos por algum tempo.

Algo, porém, aconteceu dentro de mim no instante que aquela moeda atingiu o solo poderoso de Roma e fez um pequeno barulho ao tocar as pedras do calçamento da praça.

E o que aconteceu? Dentro de mim? No meu coração?

A frase simples que, talvez, explique melhor o meu sentimento daquele momento é:

– "*A ficha caiu*".

Sim... Naquele instante mágico percebi que viajava pelos lugares mais lindos e importantes do planeta Terra e que minha família, meus amigos e tantas outras pessoas ao meu redor não tinham as mesmas oportunidades que eu.

Resolvi, então, fazer algo naquele momento: meu primeiro vídeo.

Assim nasceu meu canal no Youtube: **ANJA DOURADA**, onde, além de mostrar as lindas cidades do mundo, falo sobre: *AMOR, PAZ, FELICIDADE, AMIZADE, FÉ, GRATIDÃO, HUMILDADE, ESPERANÇA, PERDÃO*... E muitos outros temas.

E três anos após esse início, já são mais de 200 vídeos em cidades como: *PARIS, NEW YORK, VIENA, ROMA, LISBOA, TÓKYO, VENEZA, LEOPOLDINA, CATAGUASES NARA, PIACATUBA, TAKAMATSU, OSAKA, RIO DE JANEIRO, BARCELONA*... Somente para citar algumas.

Entendi e compreendi, no mais íntimo do meu ser, o que *Madre Teresa de Calcutá* quis dizer ao responder a um repórter que a interrogou sobre seu trabalho incansável na caridade:

– Madre, a senhora não acha que seu trabalho é apenas uma gota no oceano?

Ao que ela, alegremente respondeu:

– Sim, é uma gota no oceano... Mas sem essa gota o oceano seria menor!

E naquele inesquecível 4 de setembro de 2016, também decidi acrescentar minha gota de amor no oceano grandioso e abençoado da vida e pude finalmente voltar para o hotel: com um novo projeto para minha vida, uma santa nos braços, algumas lindas fotos para recordar, um vídeo no celular, muitos balões coloridos nas mãos e o coração em festa de gratidão!

MINHAS ASAS TÊM RAÍZES

Eu venho de um lugar pequeno... Onde apenas os corações são grandes.

Eu venho de um lugar... Onde a maldade seca e desaparece e a bondade surge, desabrocha, floresce, frutifica e alimenta.

Eu venho de um lugar... Onde é sol quase o ano inteiro e quando a chuva aparece, chega com aquele cheirinho de terra molhada que eu tanto adoro.

Lá sempre tem um olhar a te reconhecer, um sorriso a te abastecer e um abraço a te amparar das tempestades do viver.

Eu venho de um lugar... Que tem cheiro de mato para respirar, água de cachoeira para se banhar, montanha para enfeitar, poeira vermelha para colorir e canto de passarinho para ouvir e se aquietar.

Eu venho de um lugar... Onde se compartilha o cafezinho, a broa de fubá, o pão de queijo e onde se divide a necessidade e a dor, e se multiplica a amizade e o amor.

Eu venho de um lugar... Onde as terras são abençoadas por Santo Antônio, São Jorge, São José e São Sebastião.

Eu venho de um lugar... Onde o sol encontrou a neve e juntos se transformaram no sorvete mais delicioso do mundo inteiro.

Eu venho de um lugar... Onde o fogão de lenha sabe acender, arder, abrasar, queimar e cozinhar, mas também aquecer, reunir, juntar, agrupar e aproximar.

Eu venho de um lugar... Onde criança se veste de anjo e anda pelas casas, ruas e igrejas, abençoando e encantando.

Eu venho de um lugar... Onde os jovens namoram nas praças e os mais antigos ainda sentam nas calçadas para ver o tempo passar e contar casos e histórias que se misturam com os ouvintes atentos que sabem sorrir, se divertir e prestar atenção, mas que ainda ficam confusos ao distinguir a verdade da ficção.

Eu venho de lá... Um lindo lugar chamado LAR.

Minha pequena LEOPOLDINA, você é paz, fé, carinho, laço, aconchego e amor.

Eu venho de lá e não esqueço meu lugar.

Saí sozinha pelo mundo e sobrevivo dos encantos que lá deixei, mas também daqueles que encontrei e aqui divido, com delicadeza e humildade, uma pequena parte com você!

Bem-vindo a essa inesquecível aventura... Repleta de cidades únicas, lugares especiais, fotos originais, manifestações de arte, personalidades notáveis, homenagens merecidas, além de histórias que criei e outras que encontrei pelo caminho.

Tudo se ligando, interligando-se e se conectando com o objetivo de mostrar que todos os lugares são abençoados e que tudo e todos nos oferecem lições grandiosas.

A partir de agora, nosso destino é o **MUNDO!**

PLANETA TERRA

CURIOSIDADES SOBRE O PLANETA TERRA

- A TERRA é o quinto maior dos oito planetas do Sistema Solar e pesa: 5.980.000.000.000.000.000.000 toneladas, segundo a NASA.
- O Sol é 300 mil vezes mais pesado que a TERRA e sua luz demora, em média, oito minutos para chegar ao planeta.
- A TERRA gira em torno do Sol a uma velocidade de 107 mil quilômetros por hora ou 29,72 quilômetros por segundo.
- A Lua é seu único satélite natural, localiza-se a 385 mil quilômetros de distância e sua luz demora 1,25 segundos para chegar ao planeta.

PLANETA TERRA

Quero começar este livro pensando com você, por um instante, neste lindo planeta azul em que habitamos... Abençoado *Planeta Terra*, palco pequeno de uma imensa arena cósmica.

Nele, todos a quem você ama, todos aqueles que você conhece, todos aqueles que você já ouviu falar.

Cada herói ou covarde, cada rei ou plebeu, cada casal apaixonado, cada mãe, pai, criança amada ou abandonada. Quantos inventores e exploradores, quantos professores e políticos, quantos generais e imperadores, quantos santos e pecadores viveram aqui entre nós?

Uma das grandes revelações da era da exploração espacial é a imagem da *TERRA*, finita e solitária, de alguma forma vulnerável, transportando a espécie humana pelos oceanos do espaço e do tempo, concedendo-nos, luz, água, ar, plantas, flores, animais, estrelas... E tudo numa variedade tão impressionante, extraordinária e fascinante, que nós, seres humanos, ainda nem conseguimos catalogar tudo.

O *Planeta* nos oferece lições grandiosas em tudo o que nos apresenta, inclusive no ato contínuo de deslocar-se no espaço, realizando seu movimento de rotação e translação, permanecendo em sua órbita perfeita, em completa harmonia com os outros astros, em uma sucessão de dias, meses, anos, décadas, séculos... Transformando a primavera em verão, o verão em outono, o outono em inverno e o inverno novamente em primavera... em uma marcha silenciosa e perfeita.

E sabe quem está orquestrando toda essa perfeição?

Uma *Inteligência* muito, muito, muito... Infinitamente muito superior a sua, a minha, a nossa!

É aqui onde vivemos e exercitamos essa experiência única chamada *VIDA*. O *Planeta Terra* é nossa casa e nosso lar, e é justamente a partir dessa conscientização profunda que devemos fortalecer a necessidade de protegê-lo, cuidá-lo, respeitá-lo e amá-lo. *E a dica da ANJA DOURADA deste texto é*: vamos simplesmente aprender a parar e observar a grandiosidade do mundo que nos cerca e raciocinar sobre a perfeição e a harmonia da Criação!

A você, *Planeta Terra*, minha reverência e infinito amor!

ESTADOS UNIDOS DA AMÉRICA

BRYANT PARK

CURIOSIDADES SOBRE O BRYANT PARK:

- Localizado em New York, o BRYANT PARK nasceu oficialmente em 1884, recebendo o nome do poeta romântico e reformador cívico William Cullen Bryant, editor do *New York Evening Post*.
- O parque tem uma agenda de eventos bem cheia o ano inteiro. No verão, destaque para o cinema ao ar livre e, no inverno, destaque para a pista de patinação no gelo.
- As cadeiras do parque não são fixas no chão, para que as pessoas tenham mobilidade de montá-las de acordo com o grupo que precisam.
- Possui, além de restaurantes e lojinhas, um lindo carrossel, com animais pintados à mão, perfeito para as crianças. Os idealizadores realmente criaram um ambiente incrível para as pessoas se divertirem por lá.

COMO CONQUISTAR UM CORAÇÃO

Como não amar o BRYANT PARK? Existe um contraste dos prédios nova-iorquinos e uma área verde, cheia de flores!

O lugar é uma delícia para você sentar, relaxar, fazer uma refeição, o que é bem natural por lá, ler um livro e até namorar.

E por falar em namorar, vamos falar de AMOR?

O AMOR é vital para a vida da alma, assim como a água é vital para a vida do corpo.

E você sabe como conquistar o AMOR de um coração?

Não...???

Eu vou te ensinar!

Para se conquistar um coração, é preciso muita habilidade, tem que ser devagarzinho. Não se alcança o coração de alguém com pressa. Tem que se aproximar suavemente, com cuidado.

Conquistar um coração de verdade dá trabalho, requer paciência, cuidado, vontade, dedicação, encanto, carinho, tolerância, perdão, sinceridade, etc...

E quando esse coração for conquistado, quando finalmente tivermos nos apoderado dele, vai exigir ainda mais PACIÊNCIA, mais CUIDADO, mais VONTADE, mais DEDICAÇÃO, mais ENCANTO, mais CARINHO, mais TOLERÂNCIA, mais PERDÃO, mais SINCERIDADE...

E sabe por quê?

Porque os corações são frágeis, são preciosos, e como diz a música: "os corações são pequeninos grãos de areia tão fininhos, que qualquer vento menino leva para outro lugar".

Então, se você já conquistou um coração, ou vários corações, cuida, tá!?

E a dica da ANJA DOURADA deste texto é: são as gotas de AMOR que você distribui que podem salvar uma vida ou a humanidade inteira!

AÚSTRIA

VIENA

CURIOSIDADES SOBRE VIENA

- VIENA, capital da ÁUSTRIA, é realmente lindíssima, limpa, ampla, arborizada e com muitas flores por toda a cidade.
- Foi escolhida pelo jornal *The New York Times* como um dos 45 lugares mais interessantes do mundo para ser visitado e uma das melhores cidades do mundo para se viver.
- Arte e cultura têm uma longa tradição na cidade, incluindo o teatro, a ópera, a música clássica e as artes plásticas.
- VIENA é considerada a "capital mundial da música erudita", muitas vezes mencionada como a "Cidade dos Músicos". Seus prodígios musicais incluem: Wolfgang Amadeus Mozart, Ludwig van Beethoven, Franz Schubert, Johann Strauss e muitos outros.

A FÓRMULA DA FELICIDADE

A cidade de VIENA realmente transborda música, arte, cores, aromas e flores... E eu escolhi essa cidade especial para lhe revelar a fórmula da felicidade. É uma fórmula especial, cuja palavra principal é: GRATIDÃO.

Você sabia que as pessoas que sentem *gratidão* são muito mais felizes?

E sabe por quê?

Porque o hábito da *gratidão* emite uma força, uma energia de comunhão com o universo que faz nossas células trabalharem de uma forma muito mais saudável e com muito mais harmonia.

A *gratidão* está diretamente ligada com nosso nível de felicidade.

É isso aí... Você e eu, juntos, acabamos de descobrir a fórmula da felicidade.

O que diferencia um ser humano feliz de um ser humano infeliz é o nível de *gratidão* que essa pessoa carrega no coração.

Quando o sentimento da *gratidão* faz morada em nosso mundo íntimo, tudo se torna mais equilibrado e feliz. Uma sensação de leveza, paz, tranquilidade e quietude nos preenche.

A *gratidão* individual é uma nota harmônica a contribuir para a sinfonia universal, ampliando-se e tornando-se um sentimento coletivo que proporciona o equilíbrio social e espiritual da humanidade.

A *gratidão* é a memória do coração e uma virtude das almas nobres, amadurecidas no júbilo ao Criador.

Funciona trazendo abundância à vida, transformando a negação em aceitação, o caos em ordem, a confusão em claridade, a casa em lar, um estranho em um amigo. Também dá sentido ao nosso passado, traz paz para o presente e cria uma visão de esperança para o futuro!

E a dica da ANJA DOURADA deste texto é: será que temos agradecido a JESUS por tudo que ELE tem feito por nós? Será que temos agradecido ao nosso *Anjo da Guarda* por tudo o que ele tem feito por nós? Será que temos agradecido a nossa mãe, ao nosso pai, a nossa família, aos nossos amigos por tudo o que eles fazem por nós? Comece hoje, comece agora e torne-se um ser humano mais nobre, mais saudável e muito mais feliz!

FRANÇA

MUSEU DO LOUVRE

CURIOSIDADES SOBRE O MUSEU DO LOUVRE

- Edificado em 1190, no reinado de Felipe II, o edifício que hoje abriga o MUSEU DO LOUVRE (em francês: *Musée du Louvre*) era originalmente uma fortaleza. A ideia era defender a cidade de PARIS das invasões vikings.
- É um dos maiores e mais importantes museus do mundo. Seus 72.735 m² abrigam 38 mil obras de arte e recebem cerca de 15 mil visitantes todos os dias.
- Está dividido em oito departamentos: Antiguidades Egípcias; Antiguidades do Oriente; Artes Grega, Romana e Etrusca; Arte Islâmica; Artes Decorativas; Pintura; Gravuras e Desenhos; Esculturas.
- As famosas pirâmides de vidro do LOUVRE foram encomendadas por François Miterrand, em 1984. São toneladas de vidros submetidos a uma limpeza semanal por um robô, criado justamente para desempenhar essa tarefa.

O PODER DA AUTOESTIMA

Cada obra de arte é única... bela... e de inspiração divina em si mesma. Assim como nós mesmos: únicos, belos e divinos.

Por isso precisamos sempre estar aprendendo e reaprendendo sobre a arte de nos amar mais. Essa autoestima é de vital importância para nossa real e plena felicidade.

Você sabia que a *AUTOESTIMA* nos mantém jovem?

E qual é a receita?

A receita é colocar alguns ingredientes na vida. Vou aqui ressaltar cinco:

- *Ingrediente 1* – Aprenda e continue aprendendo sobre qualquer coisa: pintura, dança, computador, fotografia... Mantenha sua mente ocupada com atividades que você gosta e que desenvolvam sua criatividade, seus dons e talentos... Canalize tudo isso com o propósito de melhorar sua vida e a vida das pessoas ao seu redor. Este é um excelente caminho para encontrar prazer, equilíbrio e crescimento em sua vida.
- *Ingrediente 2* – Dê preferência a seus amigos alegres, otimistas, bem-humorados. Essas qualidades são sempre contagiantes.
- *Ingrediente 3* – Visite a natureza. Ela tem o poder de purificar as células e acalmar o espírito. O mar, por exemplo, neutraliza as energias negativas e recarrega o campo eletromagnético (aura). As cachoeiras ativam a vida celular e também renovam as energias, além de hidratar a pele e os cabelos. O verde ativa o processo interior de autocura. Não esqueça que você é parte da natureza e deve estar em contato e harmonia com ela.
- *Ingrediente 4* – Tenha objetivos materiais e espirituais. Busque melhorar sua condição financeira, planeje comprar bens, faça investimentos, realize viagens, se puder; mas, sobretudo, busque se tornar uma pessoa mais paciente, bondosa, serena, confiável, amiga e humilde.
- *Ingrediente 5* – Transforme a dor em humor. Experimente! Por que não? Ria de você mesmo. Lágrimas acontecem. Aguente e siga em frente, porque a única pessoa que acompanha você a vida inteira é você mesmo. Com humor é melhor!

E a dica da ANJA DOURADA deste texto é: AUTOESTIMA se resume em achar que você vale a pena, que você merece. ENTÃO, LUTE POR VOCÊ!

PORTUGAL

LISBOA

CURIOSIDADES SOBRE LISBOA

- LISBOA é despretensiosa, iluminada pelo sol e emoldurada pelo Rio Tejo, histórico e grandioso.
- O vinho do Porto, o bacalhau e os pastéis de Belém são realmente inesquecíveis. É provar e se apaixonar.
- O vinho do Porto surgiu no século XVII, quando os britânicos passaram a importar a bebida em grande quantidade de PORTUGAL. Na intenção de fazer o produto resistir à viagem, os portugueses passaram a acrescentar álcool nos barris, o que acabou conferindo um sabor diferente ao vinho.
- Os portugueses são muito simpáticos, sorridentes, receptivos e estão sempre dispostos a ajudar. Esses são motivos suficientes para turistas do mundo inteiro sentirem-se tão bem acolhidos, principalmente os brasileiros que ainda encontram o conforto do idioma.

AS NASCENTES DO CORAÇÃO

Pedro Álvares Cabral descobriu nosso amado BRASIL, em 22 de abril de 1500, e tocou nosso país de uma forma que jamais voltaríamos a ser como antes.

Assim acontece com as pessoas também...

ALGUÉM já tocou sua vida de tal forma que você jamais voltou a ser como antes?

Pense comigo:

- Seu nascimento foi através de *ALGUÉM*.
- Seu nome foi escolhido por *ALGUÉM*.
- Seu primeiro banho foi dado por *ALGUÉM*.
- Suas primeiras refeições foram preparadas por *ALGUÉM*.
- Você foi educado por *ALGUÉM*.
- Sua renda, direta ou indiretamente, vem por meio de *ALGUÉM*.
- Você adoece e é cuidado por *ALGUÉM*.
- Seu último banho será dado por *ALGÚEM*.
- Seu funeral será realizado por *ALGUÉM*.
- Seus pertences e propriedades serão herdados por *ALGUÉM*.

É hora de simplificar, reajustar e modificar nossa percepção da vida. Precisamos, uns dos outros, o tempo inteiro, a vida toda.

Então, vamos cuidar uns dos outros, vamos amar uns aos outros, como já nos ensinou o mestre JESUS!

E a dica da ANJA DOURADA deste texto é: priorize os cuidados com os seus afetos, vigie as nascentes do seu coração para que as águas cristalinas dos sentimentos puros e nobres possam alimentá-lo no decorrer dos dias e das décadas, incentivando e iluminando-o em sua jornada. Não se esqueça jamais de que sua lavoura de ternuras e amizades são bênçãos do plano superior a ampará-lo nas lutas terrenas!

BRASIL

JARDIM BOTÂNICO

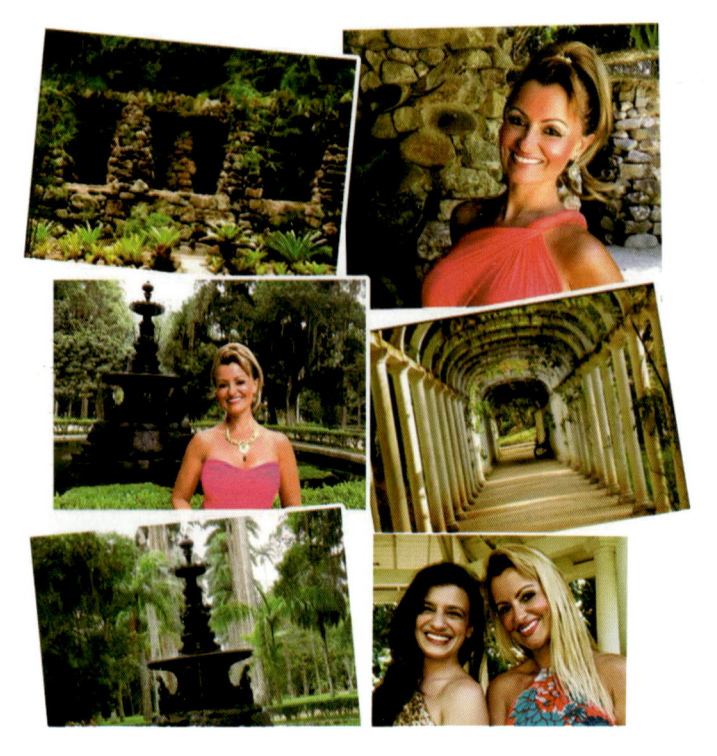

CURIOSIDADES SOBRE O JARDIM BOTÂNICO

- Localizado aos pés do Cristo Redentor, o JARDIM BOTÂNICO é um santuário ecológico do Rio de Janeiro. Considerado um dos dez jardins mais importantes do mundo, é um dos meus lugares prediletos na cidade.
- Fundado em 13 de junho de 1808, surgiu de uma decisão do então príncipe regente português D. João (futuro rei D. João VI) de instalar no local um jardim para aclimatação de espécies raras de plantas da flora brasileira e de outros países.
- Oferece muitos atrativos a pesquisadores, turistas e amantes da natureza como o orquidário, o bromeliário, o violetário, a estufa das plantas insetíforas e a coleção de cactos, considerada uma das maiores do Brasil. Há canteiros medicinais, jardins japoneses e o jardim dos Beija-Flores, que preserva uma grande variedade de plantas para atraí-los.
- Encontra-se tombado pelo Instituto do Patrimônio Histórico e Artístico Nacional, desde 1937.

RENOVE... REINVENTE... REPENSE

A *GRUTA DE PEDRAS* do *JARDIM BOTÂNICO* é um dos lugares de destaque no parque. E são justamente essas pedras que me inspiraram a lhe trazer uma reflexão...

Você já percebeu como a dor e o sofrimento são comuns a todos nós?

Não importa o país onde você vive, o idioma que você fala, a escola que você frequenta ou sua condição financeira atual...

Não importa, todos sentimos dor!

A dor de dente, por exemplo, é a mesma em você ou em mim. A dor da fome é a mesma se você fala inglês ou francês. A dor de uma traição é a mesma, se você é rico ou pobre. A dor de perder uma pessoa muito amada é a mesma dor, se você é habitante do *BRASIL* ou do *JAPÃO*...

JESUS nos disse:

– Na vida tereis muitas aflições, mas tende bom ânimo. EU venci o mundo! – concluiu o mestre.

Então, a questão não é se iremos sofrer... A questão é como será o nosso comportamento, a nossa postura diante do sofrimento, dos dias difíceis, das fases de turbulência, dos períodos escuros.

Acredite na vida... *RENOVE...REINVENTE...REPENSE*.

Renovar-se não é se desfazer de todos os seus sentimentos, renovar-se é reciclar a alma, e priorizar o que importa, o que verdadeiramente importa, quem verdadeiramente importa.

Deixe chegar aquilo e aqueles que te acrescentam e fazem sua vida mais leve, suave, saudável e feliz. Acenda sua luz própria, abra seu coração para novas e boas histórias.

E a dica da ANJA DOURADA deste texto é: que ninguém te estrague o dom de renovar a vida a cada amanhecer. Você é uma obra-prima de DEUS, e a cada dia ELE quer te ver mais e mais feliz. Confie!

FRANÇA

MONET

CURIOSIDADES SOBRE MONET

- *OSCAR CLAUDE MONET* nasceu no dia 14 de novembro de 1840. Apaixonado pela natureza, o pintor impressionista francês iniciou seu próprio jardim logo que se mudou de Paris para Giverny, em 1883.
- Vilarejo bucólico, na época com 300 habitantes, a cerca de 70 quilômetros da capital francesa, a pequena Giverny impressionou muito o pintor. A natureza, as flores e a luz brincavam de revelar e esconder cores e sombras, fascinando o artista e criando o início de uma relação de cumplicidade, emoção e arte... Arte ao ar livre!
- A partir da obra *Impressão, Nascer do Sol*, o termo *Impressionismo* surgiu pela primeira vez entre os críticos de arte da época e tinha um caráter negativo e pejorativo, mas *MONET* e seus amigos pintores adotaram o termo, sabendo da revolução que estavam iniciando, transformando o sarcasmo dos críticos em um novo movimento.
- O *Impressionismo* ressalta a luz, a sombra e o movimento, utilizando pinceladas soltas que se tornam o principal elemento da pintura, sendo que as telas eram pintadas geralmente ao ar livre, para que o pintor pudesse capturar melhor as variações de cores da natureza.

UM ARCO-ÍRIS DE AMOR

Você já parou para pensar no significado que as cores têm em nossa vida?

As cores vão muito além dos pigmentos, elas causam efeitos, impulsos, sensações e sentimentos.

E de que cores serão esses sentimentos?

Quando amamos, quando odiamos, quando nos alegramos, quando nos entristecemos, quando elogiamos, quando ensinamos, quando oramos...?

Se as dores profundas das ingratidões, nos corações humanos, se envolvessem em cores, poderíamos ver cobertas de marrom as palavras de amargura lançadas ao infinito.

Se coloridas fossem as lágrimas que escorrem pela face dos que sentem saudade daqueles que partiram, poderíamos vê-las como rosa, exatamente da mesma tonalidade do céu quando faz muito frio.

Se o ódio também precisasse ser colorido, arriscaria dizer que o sentimento é cinza chumbo e nos acorrenta em um céu de nuvens carregadas prontas para um dilúvio, com direito a raios e trovoadas.

Mas... e quando o amor bate às portas de um coração, certamente se cobre da cor vermelha as fibras mais profundas dos seus átomos, alegrando-o de júbilo e encanto pela vida.

Se coloridas fossem as preces, possivelmente encontraríamos alguns tons de azul em palavras que viajam rumo aos céus de encontro ao Criador.

Se o elogio sincero precisasse de uma cor também, eu escolheria o verde-água, minha cor predileta.

E dos lábios de quem ensina o bem e a verdade?

Transborda, com certeza, o amarelo-ouro, cor da luz, da bondade, do conhecimento e da sabedoria!

E a dica da ANJA DOURADA deste texto é: vamos pensar sempre nas cores que desejamos ofertar à vida e ofereçamos um arco-íris de amor ao mundo!

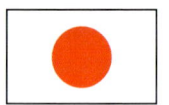

JAPÃO
PARQUE NACIONAL DE NARA

CURIOSIDADES SOBRE NARA

- NARA foi a capital do JAPÃO no período de 710 a 784 e é uma das cidades turísticas mais visitadas do país. Suas maiores riquezas são os vários monumentos, templos, santuários históricos e os cervos.
- No parque Nacional de NARA vivem aproximadamente 1.200 cervos. Considerados animais sagrados, ganharam o título de Tesouro Nacional do país. São muito dóceis e ficam à vontade entre as pessoas, sendo filmados, fotografados e alimentados pelos turistas.
- As crianças são um caso à parte, além de lindas e extremamente bem arrumadas, andam sozinhas pelas ruas da cidade. E quando tiramos fotos delas... fazem pose e sempre levantam os dois dedinhos. Uma graça!
- Os templos não são apenas pontos turísticos, vi muitos japoneses orando, tocando sinos e fazendo doações. As principais religiões são o Budismo e o Xintoísmo. É um país muito espiritualizado e místico. Realmente impressiona!

VOCÊ PODE SACUDIR O MUNDO

O Parque Nacional de NARA é um lugar mágico, extremamente calmo e silencioso; e é nesse ambiente de Paz e Harmonia que eu te proponho uma reflexão bem contrária ao ambiente.

– Você já se viu em algum momento da sua vida ou em vários momentos da sua vida... GRITANDOOOO?

Você já se perguntou por quê?

Eu vou lhe contar uma história...

Um dia, um sábio japonês fez a seguinte pergunta a seus alunos:

– Por que as pessoas gritam?

E todos começaram a responder:

– Gritamos porque perdemos a calma uns com os outros! – respondeu um aluno. – Gritamos porque desejamos que a outra pessoa nos dê mais atenção! – Gritamos porque queremos extravasar nossa raiva! – Gritamos porque queremos ter a última palavra! – Gritamos porque queremos fazer prevalecer nossas ideias e nossos desejos!

E assim as várias respostas dos alunos foram surgindo... Mas nenhuma resposta convenceu o sábio!

Então, ele esclarece aos alunos:

– O fato é que nos relacionamentos, quando uma pessoa grita com a outra é porque seus corações se afastaram, se afastaram muito e para cobrir essa distância precisam gritar... Gritar bem alto!

E todos silenciaram para entender a lição.

Agora sou eu quem lhe pergunto:

– O que acontece quando duas pessoas se amam? Reflita. Quando duas pessoas se amam elas não gritam, ao contrário, elas falam suavemente.

E por quê? Porque seus corações estão próximos.

A distância entre eles é pequena. Às vezes, seus corações estão tão próximos, que nem falam... somente sussurram.

E quando o amor é ainda mais intenso, não necessitam sequer sussurrar... Apenas se olham e basta, é suficiente, seus corações se entendem e se compreendem!

E a dica da ANJA DOURADA deste texto é: a suavidade tem um grande poder... O poder do AMOR. Então... De modo suave... você pode sacudir o mundo!

ITÁLIA

PAPA FRANCISCO

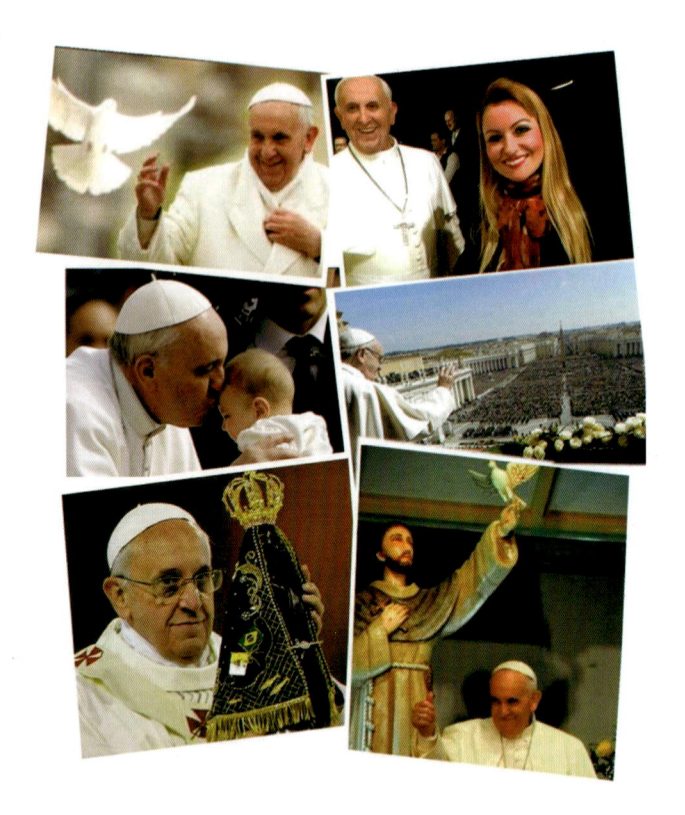

CURIOSIDADES SOBRE O PAPA FRANCISCO

- *Jorge Mario Bergoglio* nasceu em BUENOS AIRES, na ARGENTINA, em 17 de dezembro de 1936. É o primeiro papa latino-americano da história, e o primeiro não europeu a assumir o papel em mais de 1.200 anos.
- Escolheu o nome Francisco, em homenagem a São Francisco de Assis, monge do século XIII, conhecido pela caridade e bondade em relação às pessoas e aos animais.
- Como é o primeiro papa Francisco da história, somente será adicionado um numeral a seu nome, se um dia, existir um papa Francisco II.
- Moderno, mantém uma conta do papado no Twitter. E os tweets da conta são escritos em vários idiomas, pois, além do espanhol, o papa fala inglês, francês, italiano e alemão fluentemente.

AÇÕES POSITIVAS

Papa Francisco conquistou corações em todo o mundo.

Além de ser muito carismático, é também conhecido por seus textos cheios de reflexão e espiritualidade, seu posicionamento progressista, pacífico e sua dedicação aos necessitados de toda sorte.

Com seu jeito simples, sábio e bem-humorado, pendurou uma mensagem na porta do próprio quarto que diz:

– PROIBIDO QUEIXAR-SE!

A frase em italiano: *VIETATO LAMENTARSI* é seguida por uma explicação no mesmo idioma que diz assim:

Aqueles que se queixam estão sujeitos à "Síndrome do Vitimismo".

E essa síndrome, continua a explicação, tem como consequência a diminuição do humor, da capacidade de resolver problemas e o aumento das queixas.

A mensagem diz também que para tornar-se o melhor de si mesmo é preciso focar nas próprias potencialidades e não nos próprios limites.

Então, tenhamos paciência conosco mesmo. A transformação para o melhor já está acontecendo. Ninguém, em momento algum, conseguiu vencer na aquisição de valores reais, sem muitas lutas, sacrifícios, perseverança e intensa dedicação.

A vida fácil, despreocupada, vazia, nunca conduziu criatura alguma ao sucesso verdadeiro. Quem atesta o crescimento interior, quem patenteia a maturidade, quem registra a derrota dos defeitos e das viciações, colocando em seus lugares as virtudes e a sublimação dos sentimentos, é um guerreiro da paz.

E a dica da ANJA DOURADA deste texto é: pare de se queixar, como nos sugere o PAPA FRANCISO, e tenha ações positivas. São as ações que transformam nossa vida, não os lamentos, as reclamações ou as queixas. Falar dos problemas é um hábito viciante, portanto, quebre a rotina. Fale de suas alegrias, sorria mais, brinque mais, confie mais. Volte a ser mais criança!

ALEMANHA
ALBERT EINSTEIN

CURIOSIDADES SOBRE ALBERT EINSTEIN

- ALBERT EINSTEIN nasceu em 14 de março de 1879, na ALEMANHA. O físico e matemático alemão entrou para o rol dos maiores gênios da humanidade ao desenvolver a Teoria da Relatividade, estabelecendo a relação entre massa e energia e formulando a equação que se tornou a mais famosa do mundo: $E = mc^2$.
- Realizou diversas viagens ao redor do planeta, deu palestras públicas em conceituadas universidades e conheceu personalidades célebres de sua época, tanto na ciência quanto fora do mundo acadêmico.
- Publicou mais de 300 trabalhos científicos. Suas grandes conquistas intelectuais e sua originalidade fizeram da palavra EINSTEIN sinônimo de "gênio".
- Em 1999, foi eleito por cem físicos renomados o mais memorável físico de todos os tempos. No mesmo ano, a revista *TIME* o classificou como a pessoa mais importante e influente do século XX.

INTELIGÊNCIA ESPIRITUAL

Inspirada pela inteligência e genialidade do nosso amigo EINSTEIN, quero lhe fazer uma pergunta:
– Você sabe o que é ***INTELIGÊNCIA ESPIRITUAL***?

No início do século XX, o Q.I. (Quociente de Inteligência) era a medida definitiva da inteligência humana. Somente na década de 1990, a descoberta do Q.E. (Quociente de Inteligência Emocional) mostrou que não bastava a pessoa ser um gênio se não soubesse lidar com as emoções.

Atualmente, porém, novas descobertas apontam para um terceiro quociente, o Q.S. (Quociente de Inteligência Espiritual). Ele nos ajudaria a lidar com questões essenciais e colocar nossos atos e experiências em um contexto mais amplo de sentido e valor, tornando-os mais efetivos.

Ter alto Q.S. implica em ter uma vida mais rica e cheia de sentido, adequado senso de finalidade e direção pessoal.

As pessoas espiritualmente inteligentes possuem algumas características e qualidades, além de praticarem algumas atitudes comuns como:

- Sentem gratidão pelo dia, pela noite, pelo sol, pelo ar, pela chuva, enfim, pelo grande e poderoso espetáculo que é a vida.
- São conduzidas por valores humanos, são idealistas e acreditam na vida.
- São holísticas, ou seja, têm uma visão do todo integrado e a percepção da unidade.
- Possuem independência de pensamento e comportamento, sempre questionando "por que" e "para que", pois são agentes de transformações.
- São sensíveis, fraternas, compassivas e bondosas.

E a dica da ANJA DOURADA deste texto é: procurar DEUS, conhecê-lo e amá-lo é um ato inteligentíssimo. O amor e a gratidão do ser humano pelo autor da vida produz força na fragilidade, consolo nas tempestades, segurança no caos. Desenvolva sua inteligência espiritual e seja genial!

BRASIL

CHICO XAVIER

CURIOSIDADES SOBRE CHICO XAVIER

- Francisco Cândido Xavier, mais conhecido como CHICO XAVIER, nasceu no dia 2 de abril de 1910, na cidade de Pedro Leopoldo. Sua mediunidade começou a se manifestar quando ele tinha apenas 4 anos de idade, e tal característica o tornou o mais famoso médium do Brasil.
- Concluiu o ensino primário aos 14 anos e nunca mais teve oportunidade de voltar a estudar numa escola convencional. Ainda assim, psicografou mais de 450 livros, traduzidos para mais de 50 idiomas.
- Suas obras venderam mais de 50 milhões de exemplares, sendo considerado o escritor brasileiro de maior sucesso comercial da história. Chico, porém, não quis receber nenhum centavo com os direitos autorais e todo o dinheiro foi doado, em cartório, para instituições de caridade.
- Sua vida virou filme: *Chico Xavier*... Suas cartas psicografadas também viraram filme: *As Mães de Chico Xavier* e até um dos seus *best-sellers*, o livro *Nossa Lar*, ganhou uma versão cinematográfica e estabeleceu recorde de público na história cinematográfica brasileira.

SORRINDO E AMANDO

Eu sou as orações que faço... As mensagens que recebo, os sonhos que tenho... Eu sou as coisas que descobri, as lições que aprendi, os amigos que encontrei... Eu sou as cores que vejo, os perfumes que sinto, as músicas que ouço... Eu sou cada sorriso que abri e cada lágrima que não deixei cair... Eu sou os livros que leio, os lugares que conheço, as pessoas que amo, as mães que abençoo (mensagem de Chico Xavier).

CHICO uniu dois mundos através de sua mediunidade iluminada e abençoada. Quantos corações consolados... Quantas mentes esclarecidas com a realidade do mundo espiritual.

Serviu sempre, sorrindo e amando cada ser que atravessou seu caminho. Um ser humano *amoroso, notável, especial e iluminado*, que nos serve de inspiração para a vida.

Certa vez, um empresário bem-sucedido procurou CHICO para pedir socorro:

– Eu tenho tudo: muito dinheiro, uma família maravilhosa, filhos lindos, uma bela casa... Mas não consigo ser feliz de jeito nenhum.

O empresário esperava uma solução mágica, uma oração, uma carta psicografada, um passe... Mas recebeu como resposta uma frase curta:

– O que falta a você é a alegria dos outros!

Compartilho aqui com vocês cinco lindas reflexões de CHICO XAVIER:

- Deixe algum sinal de alegria por onde quer que você passe.
- Guardemos a certeza, pelas próprias dificuldades já superadas, que não há mal que dure para sempre.
- Cada dia que amanhece é uma página em branco na qual gravamos os nossos pensamentos, ações e atitudes. Use seu hoje para construir o seu amanhã!
- Fico triste quando alguém me ofende, mas, com certeza, ficaria mais triste se fosse eu o ofensor.
- Embora ninguém possa voltar atrás e fazer um novo começo, qualquer um pode começar agora e fazer um novo fim.

E a dica da ANJA DOURADA deste texto é: vamos nos banhar na fonte de *AMOR e SABEDORIA* que emana de seres iluminados... A você, CHICO XAVIER... Minha humilde e singela homenagem!

FRANÇA
GALERIES LAFAYETTE

CURIOSIDADES SOBRE A GALERIES LAFAYETTE

- GALERIES LAFAYETTE é uma superluxuosa loja de departamentos francesa, com mais de 3500 grifes renomadas. A marca encontra-se presente em vários locais da França e de outros países, mas sua loja principal fica em Paris.
- Em 1893, Théophile Bader e seu primo Alphonse Kalm abriram uma loja de novidades na esquina da Rua La Fayette e Chaussée d'Antin. Sua localização privilegiada, perto da Ópera de Paris e dos Grandes Boulevards, assim como o novo conceito de compras que encorajava os clientes a caminhar ao longo das suas seções, contribuíram para que a loja se tornasse um sucesso.
- Mesmo que não seja para gastar muito, a decoração e a beleza do ambiente já valem a visita. A cúpula com vitrais em Art-Nouveau da Galeries Lafayette é considerada um monumento histórico francês.
- Fazer compras em Paris é um dos sonhos da mulher moderna elegante, porque elegância nunca sai de moda.

A ELEGÂNCIA

Ser elegante ultrapassa o bom gosto e o requinte na escolha das roupas e joias.

Elegância é algo que a gente carrega dentro, não fora.

Ser elegante é se vestir de forma única, estilosa e de acordo com sua personalidade... Mas é muito mais uma questão de ter bom senso e respeito para com o próximo.

Uma pessoa elegante não vive de fofocas, não inventa mentiras e não fala alto e em bom tom. A suavidade é sua irmã.

A *elegância* está presente no silêncio que também comunica.

Quem é elegante tem positividade, atrai pessoas do bem, vibra com a vida, com os sucessos, torce pelo outro, não tem inveja e carrega alegrias e otimismo no coração.

Elegância está sempre presente no *com licença* e no *muito obrigado*. No reconhecimento do esforço, na empatia e na colaboração.

Elegância está na mão que ajuda e também na gratidão.

Quanto mais conheço pessoas, mais percebo que a *elegância* está vestida de simplicidade e não de rótulos e invólucros sociais.

Encontrei muita *elegância* de chinelos e muita deselegância se equilibrando em saltos altos.

Sobrenome, cargo e joias não substituem a *elegância* do gesto.

Não existe livro de etiqueta que ensine alguém a ter uma visão generosa do mundo e a viver nele, sem arrogância!

É a *elegância* que nos acompanha da primeira hora da manhã até a hora de dormir e que se manifesta nas situações mais corriqueiras, sendo nossa real cúmplice quando não há festa nem fotógrafos por perto.

É também possível detectá-la nas pessoas que elogiam mais do que julgam ou criticam.

Vale ressaltar que, mais do que decorar regras de etiqueta e elaborar gestos ensaiados, é preciso desenvolver a *verdadeira elegância* do *ser*.

E a dica da ANJA DOURADA deste texto é: extremamente elegante é aquele que se veste com o ouro do amor e se enfeita com o diamante da caridade.

FRANÇA
CARROSSEL DO LOUVRE

CURIOSIDADES SOBRE O CARROSSEL DO LOUVRE

- Em francês: *CARROUSEL DU LOUVRE*. Inaugurado em 1994, na cidade de Paris, conjuga galerias comerciais com grifes de luxo e bons restaurantes. Lá, você encontra desde Apple Store a Swarovski, além de outras marcas mundialmente famosas.
- Atualmente o local é sinônimo de requinte, mas, em um passado distante, a galeria do CARROUSEL era um lugar de morte e castigo; a área costumava ser uma masmorra na Idade Média.
- Possui esse nome por conta da Praça do CARROUSEL, situada em frente à pirâmide principal do Museu do Louvre.
- Para facilitar o acesso dos visitantes, o lugar coloca à disposição uma série de serviços úteis, como: empresas de veículos, bancos, casas de câmbio e uma bilheteria para os grandes museus.

QUAL É A SUA MISSÃO?

Você já parou para pensar qual é sua tarefa nesta vida?

JESUS distribui tarefas... E nem sempre a sua é igual à minha.

Não há tarefa melhor que a outra... Mas há tarefeiro melhor.

Não é a qualidade da tarefa que recebemos, é a qualidade do desempenho.

Somos, na maior parte das vezes, servidores anônimos.

É preciso compreender que cada um tem sua tarefa e que cada tarefa tem seus méritos e suas dificuldades.

O que verdadeiramente nos compete é cumprir, com amor, aquilo que a Providência Divina traz até a nossa porta.

Se soubermos fazer silêncio para ouvir a voz de DEUS dentro do nosso coração, ninguém sairá do mundo sem cumprir a sua tarefa, a sua missão.

A alegria de concluir uma tarefa só poderá ser sentida pelos corações que não desistiram, que tiveram perseverança até o último momento.

Muitas vezes aramos a terra, adubamos, plantamos, regamos por um tempo longo... E quando nosso jardim está prestes a nos oferecer flores... Nos entregamos ao pessimismo.

Nada disso!

É preciso trabalhar nossos sentimentos e atitudes.

As paisagens mais lindas são vistas apenas por aqueles que avançam... Na marcha incessante do caminho!

E a dica da ANJA DOURADA deste texto é: a tarefa, a missão, o trabalho são os instrumentos que JESUS utiliza para aperfeiçoar os corações!

BRASIL

LEOPOLDINA

CURIOSIDADES SOBRE LEOPOLDINA

- O nome LEOPOLDINA é uma homenagem à segunda filha do Imperador Dom Pedro II, princesa *Leopoldina de Bragança e Bourbon*.
- Em 1871, estava entre os municípios mais prósperos da cultura do café. Cafeicultores da época conseguiram do governo uma autorização para que fosse construída a Estrada de Ferro Leopoldina, com 120 quilômetros de extensão.
- Em 1883, o município chegou a apresentar a segunda maior população de escravos da província de Minas Gerais.
- Atualmente, a cidade conta com atrativos culturais, naturais, arquitetônicos e gastronômicos, além da receptividade do mineiro, que é única e extremamente admirada em todo o mundo.

O SELF-SERVICE DA VIDA

Costumo dizer que "minhas asas tem raízes"...

Quando me refiro às asas, posso dizer que elas cresceram e se fortaleceram em contato com o mundo, mas quando me refiro às raízes... tenho apenas o nome de uma cidade na mente...

Nasci nessa linda cidade chamada LEOPOLDINA. É aqui que me sirvo dos carinhos, mimos e do amor da minha família e amigos.

E por falar em "servir", você já escutou a expressão *Self-Service da Vida*?

Vou explicar...

Há pessoas que te inspiram, há pessoas que te ensinam, te engradecem, te ajudam, te amparam, te fortalecem e te enobrecem.

E há pessoas que te esgotam, gastam seu tempo, sua paciência, sua energia. São especialistas em promessas não cumpridas, falta de consideração, rebeldia, ingratidão, fofocas, críticas e maledicências.

E nós conhecemos os dois tipos de pessoas, não é mesmo?

Por isso, devemos ser seletivos e sábios em nossos relacionamentos e nos cercar de pessoas que nos inspiram e nos enriquecem com a sua presença, com a sua doçura, com a sua amizade, com as suas palavras, com a sua ajuda, com o seu amor.

As pessoas que nos inspiram abrem as janelas da nossa alma e acendem um farol em nossas mentes clareando nossos momentos de apatia, angústia, medo e solidão.

As pessoas que nos esgotam parecem sempre estar dispostas a nos irritar, agitar, inquietar e estressar.

Vamos identificar e escolher melhor quem queremos que faça parte da nossa vida, da nossa história!

E a dica da ANJA DOURADA deste texto é: no grande "self-service da vida", sirva-se dos conhecimentos que te enriquecem, das situações que te inspiram, das pessoas que te enobrecem e você ficará verdadeira e profundamente alimentado!

FRANÇA
CHRISTIAN DIOR

CURIOSIDADES SOBRE CHRISTIAN DIOR

- Responsável por resgatar a feminilidade das roupas saturadas de esterilidade criativa do período pós Segunda Guerra, CHRISTIAN DIOR tornou-se um dos mais importantes estilistas franceses do mundo.
- Criador do *New Look*, afinou as cinturas, valorizou o busto e fez mulheres do mundo inteiro sonharem com suas criações.
- O número 30 da Avenida Montaigne, em Paris, antes um pequeno hotel, foi escolhido para alugar a primeira Maison do Estilista, em dezembro de 1946. Até hoje o ateliê pulsa no mesmo endereço e continua recebendo nomes importantes do cenário mundial.
- A grife, uma das mais famosas e glamourosas da indústria da moda, sobreviveu ao seu criador e ainda hoje é sinônimo de luxo e sofisticação.

A MELHOR ROUPA QUE EXISTE

Uma visita à exposição: CHRISTIAN DIOR COUTURIER DU RÊVE, em PARIS, é um convite a criatividade, sonho e glamour.

Vale lembrar que todos nós, seres humanos, precisamos de roupas, não é mesmo?

São tantas opções de cores, estampas, tecidos e formas que encantam o olhar, que nossa dúvida na hora de escolher o que vestir só aumenta.

E não há erro nenhum nisso, só não podemos ter dúvida na hora de vestir o coração.

Precisamos ter certeza de que as melhores roupas que existem são os sentimentos nobres.

E quais são os sentimentos nobres que nos deixam lindos: *AMOR, CARIDADE, PERDÃO, COMPAIXÃO, TOLERÂNCIA, PACIÊNCIA, HUMILDADE* e tantos outros.

E o melhor é que essas roupas não estragam, não rasgam, não envelhecem e não saem de moda.

E você sabe a diferença entre a pessoa mal-vestida e feia; e a pessoa bem-vestida e bonita?

Mal-vestida e feia é a pessoa que acha que o corpo físico é mais importante que os sentimentos nobres.

Bem-vestida e bonita é a pessoa que sabe que o corpo físico é importante e que deve ser tratado com o devido respeito, carinho e atenção... Mas sabe também que, mais importante que o corpo físico, são os nobres sentimentos do coração.

E a dica da **Anja Dourada** deste texto é: vista seu melhor sorriso, vista seus melhores sentimentos e a vida se encarregará de lhe estender um lindo tapete vermelho, acender os holofotes e iluminar seu caminho!

ÁUSTRIA

MOZART

CURIOSIDADES SOBRE MOZART

- WOLFGANG AMADEUS MOZART nasceu em janeiro de 1756, na cidade de Salzburgo, na Áustria. Criança prodígio, começou a compor aos 5 anos de idade.
- Seu pai Leopold, percebendo o talento do filho, começou a levá-lo em viagens internacionais, para apresentações nas cortes da época.
- Durante essas viagens, o pai de MOZART ocupou um lugar de destaque na vida do filho, planejando tudo para o pequeno MOZART. Mas o músico cresceu... Mudou-se para Viena, casou-se com Constance e teve seis filhos.
- Foi autor de mais de 600 obras, entre Sinfonias, Óperas, Concertos, Serenatas, Música Sacra, Música Instrumental. Morreu jovem, aos 35 anos de idade.

A MUSICALIDADE EM NOSSAS VIDAS

Homenagear MOZART, um dos compositores de música clássica mais famosos da história, na musical VIENA, é ressaltar a importância da música em nossas vidas.

Música é estimulo...

Música é alegria de viver...

Música é harmonia...

Música eleva nosso padrão vibratório a planos mais sublimes e elevados da existência...

Música é vibração e estimula nossas emoções e pensamentos...

Música é terapia e tem a capacidade de curar alguns recantos mais íntimos do nosso ser.

Desde tempos remotos, a música participa da história da humanidade nos momentos do dia a dia, festas, comemorações e até em nossas orações... Sempre há uma trilha sonora para decorar momentos particulares de dores e alegrias.

Vamos prestar atenção também na música produzida pela Natureza?

Ela está presente no canto dos pássaros, no latido dos cães e em sons característicos de outros animais, nas águas abundantes dos rios, mares e cachoeiras, nos sons naturais de trovoadas, chuvas e ventos; e mesmo na variedade das vozes humanas. Aumentando nossa atenção a esse respeito, perceberemos o quanto o som influencia nossa harmonia ou desarmonia interior.

É, como em tudo, uma questão de relação e afinidades.

Aprendamos, pois, a selecionar!

E a dica da ANJA DOURADA deste texto é: vamos musicalizar nossos atos, nossos encontros, nossas viagens, nossos momentos, nossa vida de uma forma geral. A música é de natureza divina e de tal beleza e poder que modifica sentimentos e encanta a alma!

ESTADOS UNIDOS DA AMÉRICA ATLANTA

– MUSEU DA COCA-COLA –

CURIOSIDADES SOBRE A COCA-COLA

- COCA-COLA é um refrigerante vendido mundialmente em restaurantes, mercados, lojas e máquinas de venda automática. É produzido pela *THE COCA-COLA COMPANY*, empresa sediada em Atlanta, Estados Unidos.
- O refrigerante foi inventado em 8 de maio de 1886 pelo farmacêutico John Stith Pemberton, e o primeiro estabelecimento a comercializar o produto foi, curiosamente, uma farmácia.
- A COCA-COLA foi e continua sendo destaque em inúmeros filmes e programas de TV. Além disso, cantores internacionais como Elvis Presley (o artista mais vendido de todos os tempos), David Bowie, George Michael, Elton John, Whitney Houston e muitos outros já promoveram o produto.
- COCA-COLA é isso aí... é um dos slogans mais divulgados. É conhecida por 94% da população mundial. Isso faz dela a marca mais reconhecida do mundo.

SINTA O SABOR DO AMOR

É isso aí...

Quando alguém... se aproxima com ódio, é porque você já tem amor suficiente para transformar. *Quando alguém...* o busca com dúvidas, é porque você já tem fé suficiente para algumas certezas. *Quando alguém...* te procura com fome, é porque você tem o alimento certo.

Quando alguém... se acerca com dor, é porque você tem o remédio eficaz. *Quando alguém...* se aproxima em desespero, é porque você já construiu esperança. *Quando alguém...* chega com lágrimas, é porque você tem o lenço mais suave.

Quando alguém... foge do tumulto e lhe busca a presença, é porque você tem a tranquilidade necessária. *Quando alguém...* o procura com medo, é porque você já tem coragem de amparar. *Quando alguém...* vem ao seu encontro com um coração aflito, é porque você já tem calma bastante para tranquilizar.

Quando alguém... se aproxima com segredos íntimos, é porque você já tem capacidade de ouvir com discrição. *Quando alguém...* o busca indeciso, é porque você já precisou decidir-se pelo rumo certo. *Quando alguém...* se aproxima com perguntas, é porque muitas respostas já brotaram em seu coração.

Quando alguém... vem ao seu encontro cheio de amargura, é porque você já adquiriu mel suficiente para adoçar vidas ao seu redor. *Quando alguém...* te apresenta atitudes de injustiça, é porque a justiça já habita suas atitudes. *Quando alguém...* te apresenta a ignorância, é porque você já consegue levantar alguns véus de sabedoria.

Quando alguém... se aproxima com carências, é porque você já possui a ternura do aconchego. *Quando alguém...* vem ao seu encontro com mentiras, é porque a verdade já mora nas suas palavras. *Quando alguém...* se aproxima com passos vacilantes, é porque você já conhece a firmeza da caminhada, percorrida com disciplina e esforço próprio, na eterna marcha do tempo.

E a dica da ANJA DOURADA deste texto é: se essas ainda não são todas as nossas capacidades, nos esforcemos para sua construção, tijolo a tijolo, com disciplina e esforço próprio, pois quem se adianta na caminhada tem o mérito exclusivo da felicidade conquistada.

FRANÇA
TORRE EIFFEL

CURIOSIDADES SOBRE A TORRE EIFFEL

- A TORRE EIFFEL (em francês: *TOUR EIFFEL*) foi inaugurada no dia 31 de março de 1889 e é um dos pontos turísticos mais visitados de Paris e do mundo.
- Símbolo da capital francesa, a torre é feita de aço forjado e possui 324 metros de altura com um peso superior a 10 mil toneladas.
- A TORRE EIFFEL leva o nome de seu projetista, o engenheiro Gustave Eiffel, e foi construída como um arco de entrada para a Exposição Universal de 1889, exposição essa que era para celebrar os 100 anos da Revolução Francesa.
- Estima-se que, desde que foi inaugurada, a torre já tenha sido visitada por mais de 250 milhões de pessoas.

UM NOVO AMANHECER

Admirar o nascer de um novo dia é um verdadeiro presente.
Novo dia, oportunidades renovadas.
A cada amanhecer, DEUS nos fala com amor:
– LEVANTA... Te presenteio com outro dia, outra oportunidade de começar e recomeçar sua vida.
Cubra-se de gratidão, encha-se de amor e recomece.
Onde quer que você esteja, faça diferença nesse lugar...
Discutir não alimenta,
Reclamar não resolve,
Revolta não auxilia,
Desespero não ilumina,
Tristeza não constrói,
Lágrima não substitui o suor.
Diante de todos os males, silencie e aguarde a chegada de um novo amanhecer.
Cada novo amanhecer é convite sereno à conquista de valores que parecem, às vezes, inalcançáveis.
Cada novo amanhecer é chance de plantar novas sementes no jardim precioso da vida.
Cada novo amanhecer é prova da constância Divina e de seu amor incondicional que faz surgir no horizonte o Sol, que ilumina a todos os seres, concedendo-nos sempre renovadas oportunidades de progresso ao nosso espírito imortal.
E a dica da ANJA DOURADA deste texto é: entre o nascer e o morrer temos infinitas oportunidades para amar!

ESPANHA
CATEDRAL DE BARCELONA

CURIOSIDADES SOBRE A CATEDRAL DE BARCELONA

- Histórica e em estilo gótico, a CATEDRAL DE BARCELONA é a sede do arcebispado da capital catalã.
- Sua construção começou em 1298 e só foi finalizada no início do século XX. Seu nome completo é: Catedral de la Santa Creu i Santa Eulàlia.
- Dentro da Catedral se encontra a cripta de Santa Eulàlia, donzela martirizada pelos romanos e uma das padroeiras de Barcelona.
- Conta a história que Santa Eulàlia foi exposta nua no fórum da cidade, mas, milagrosamente, pois era primavera, uma nevasca caiu e cobriu sua nudez. Enfurecidos, as autoridades romanas colocaram-na em um barril com vidros quebrados e cravos e a jogaram ladeira abaixo. Mártir e santa cristã, Eulàlia é comemorada com estatuas e nomes de rua por toda Barcelona.

A LEI DO AMOR

Os templos religiosos são sempre um convite à oração e reflexão.
Bons lugares para refletirmos sobre a sublimidade do espírito.
Você já pensou que o nosso corpo espiritual é, de certa forma, mais importante que o nosso corpo físico?
Sabe por quê?
Porque é o espírito quem comanda o corpo.
Se o seu corpo físico vai mal, se você não tem saúde, se você está com suas emoções desequilibradas, se você tem muitos pensamentos nocivos, repetitivos e recorrentes do passado, ideias fixas, neuroses... É porque seu corpo espiritual está desequilibrado.
Se seu espírito estivesse bem, seu corpo físico estaria bem.
É simples assim!
O corpo físico é só um reflexo do corpo espiritual.
Somente quem cuida, com amor, com dedicação, com atenção da sua espiritualidade, tem condições de se curar verdadeiramente.
Não adianta remover doenças no corpo físico, sem mudar os pensamentos, sem mudar os sentimentos, as atitudes, sem mudar a conexão espiritual.
E sabe por quê?
Porque a doença irá voltar, mais cedo ou mais tarde.
A doença é um simples sinalizador de que alguma coisa não vai bem, de que algo está errado, de que em alguma situação você está tendo atitudes ou pensamentos contrários à *LEI DO AMOR*.
E a dica da ANJA DOURADA deste texto é: a dor somente aparece para nos sinalizar que ficamos cegos, surdos ou mudos ao AMOR... Ao AMOR por si mesmo, ao AMOR ao próximo, ao AMOR A DEUS!

ESPANHA
ANTONI GAUDÍ

CURIOSIDADES SOBRE ANTONI GAUDÍ

- O arquiteto catalão, nascido na Espanha, é famoso por misturar muitas cores e texturas nas construções, utilizando cerâmica, ferro forjado, vitral e marcenaria.
- As obras de ANTONI GAUDÍ revelam um estilo único e individual, e estão em sua maioria na cidade de Barcelona. Reconhecidas internacionalmente, são objeto de inúmeros estudos e apreciadas, não somente por arquitetos, mas pelo público em geral.
- Entre 1984 e 2005, sete das suas obras foram classificadas como Patrimônio Mundial pela UNESCO. As obras são: Casa Batlló, Casa Vicens, Casa Milà (La Pedrera), Palácio Güell, Park Güell, Fachada da Natividade e a Cripta da Sagrada Família.
- Considerado um dos arquitetos mais geniais do planeta, sua vida começou um tanto distante da espiritualidade e acabou abraçando a fé em muitos aspectos. Gaudí ensinou que, mais que racionalidade técnica, a inspiração e o amor devem fazer parte da vida de um arquiteto, não às vezes, mas sempre.

A GENTE SE LIGA

Às vezes... A gente se liga no desamor, quando existe tanto amor a nossa espera.

Às vezes... A gente se liga na doença, quando existe tanta saúde a nossa disposição.

Às vezes... A gente se liga na ansiedade, quando a natureza, com paciência, nos revela que tudo floresce a seu tempo.

Às vezes... A gente se liga na tristeza, quando a alegria é semente frutífera dentro de nós, solicitando-nos apenas cuidado para adubar, regar e cuidar.

Às vezes... A gente se liga em calúnias e maledicências, quando a nós bastaria o consolo da verdade que habita nossa consciência.

Às vezes... A gente se liga na solidão, quando podemos caminhar na direção dos infortunados de toda sorte.

Às vezes... A gente se liga na angústia, quando a nosso ser imortal foi reservado o direito à oração sincera para alívio de todo mal.

Às vezes... A gente se liga a reclamações, quando a mão desocupada insiste em não construir sua própria felicidade.

Às vezes... A gente se liga na raiva, quando o perdão já deveria ser uma prática comum aos sentimentos menos nobres.

Às vezes... A gente se liga no materialismo sem medidas, quando a caridade já deveria visitar nossos dias com maior frequência.

Às vezes... A gente se liga no desespero, quando a esperança de dias mais suaves e felizes deveria nos fortalecer.

Às vezes... A gente se liga nas lágrimas, quando desprezamos os sorrisos que já nos ofertaram e que pudemos retribuir.

Às vezes... A gente se liga na ingratidão, quando deveríamos compreender que a gratidão é virtude apenas das almas nobres.

Às vezes... A gente se liga no passado, quando nos esquecemos que a vida é um presente que se renova a cada amanhecer.

E a dica da ANJA DOURADA deste texto é: Às vezes... A gente se liga nas trevas, quando deveríamos nos compreender como seres de luz eterna e imperecível.

BRASIL

FONTE DE ÁGUA MINERAL HÉLIOS

CURIOSIDADES SOBRE A FONTE HÉLIOS

- Localizada em Dona Euzébia, na Zona da Mata Mineira, a *FONTE DE ÁGUA MINERAL HÉLIOS* foi fundada em 1929 e é uma das empresas mais antigas do estado de Minas Gerais no segmento de envase de água mineral natural.
- Após autorização do presidente Juscelino Kubitschek, começou a comercialização da água por meio de garrafões de vidro. Nessa época, a distribuição dos produtos era realizada em um pequeno caminhão Ford 29 para cidades próximas à empresa, como Astolfo Dutra, Cataguases e Ubá.
- A qualidade da água HÉLIOS é indiscutível, mas sua embalagem também é reconhecida como ícone de excelência e recebeu o prêmio ABRE-2017 de Tecnologia em Embalagens de Alimentos e Bebidas.
- Empresa familiar, trabalha respeitando os princípios da ética, do conhecimento, da transparência e caminha para quase um século de existência, sempre se renovando para fornecer tecnologia, segurança e saúde aos seus consumidores.

UMA LINDA FONTE

Dona Margarida era uma senhora mineira muito amada.

Todos os dias, ela caminhava até uma linda fonte de água para encher dois grandes vasos e levar até sua casa para suprir as necessidades do cotidiano de sua numerosa família.

Eram dois grandes vasos, cada um suspenso nas extremidades de uma única vara, que ela carregava nas costas.

Havia, porém, uma particularidade nos vasos:

Um vaso era perfeito e o outro vaso era rachado.

O vaso perfeito estava sempre cheio de água, realizando sua missão com extrema competência, não causando nenhum transtorno, mas o vaso rachado chegava em casa somente com a metade da água.

Naturalmente o vaso perfeito era muito feliz com o próprio resultado e seguia a vida tranquilamente, cumprindo sua missão, enquanto o pobre vaso rachado tinha vergonha do seu defeito e de sua incapacidade de desempenhar bem seu trabalho.

Depois de um ano refletindo sobre o próprio amargo defeito, o vaso rachado falou com Dona Margarida durante o caminho:

– Tenho vergonha de mim mesmo, porque esta rachadura me faz perder metade da água durante o caminho até a sua casa. Esse defeito me causa grande tristeza e desapontamento comigo mesmo.

A amada senhora sorriu com bondade e respondeu ao triste vaso rachado:

– Sr. Vaso, o senhor reparou que existem lindas flores do seu lado do caminho? Pois é, Sr. Vaso, eu sempre soube do seu defeito e, sendo assim, plantei algumas sementes na beira da estrada somente do seu lado e, todos os dias, enquanto voltávamos para casa, você as regava sem saber, deixando o caminho até nossa casa ainda mais lindo, perfumado, colorido e florido.

E a dica da ANJA DOURADA deste texto é: repare melhor as qualidades das pessoas, elogie mais, potencialize as virtudes e, assim, os defeitos logo se transformarão em flores.

FRANÇA
COCO CHANEL

CURIOSIDADES SOBRE COCO CHANEL

- Gabrielle Bonheur Chanel, mais conhecida por *COCO CHANEL*, foi uma estilista francesa que revolucionou a história da moda, quando passou a produzir saias mais confortáveis para as mulheres, livrando-as de vez dos espartilhos.
- Fundadora da marca Chanel S.A, é a única estilista presente na lista das cem pessoas mais importantes da história do século XX da revista *Time*.
- *COCO* era conhecida pela perfeição que dava às roupas. Referência em estilo, criou o *vestido chemisier*, a *sapatilha bicolor* e a *fragrância Chanel nº 5*, uma das mais vendidas do mundo.
- Uma de suas frases preferidas e mais famosas é: "*uma mulher precisa de apenas duas coisas na vida: um vestido preto e um homem que a ame*".

O AMOR É

O *amor* é... Celeste atração dos seres e dos mundos.

O *amor* é... Potência divina que liga os Universos, os governa e os fecunda.

O *amor* é... Fenômeno natural sublimado e, um dia, será tão fácil amar como respirar.

O *amor* é... Fogo sagrado e todos nós trazemos essa centelha divina em nossos corações.

O *amor* é... Fonte cristalina onde nascem todas as nobres virtudes como a paciência, humildade, respeito, perdão, caridade, gratidão, bondade...

O *amor* é... Querer estar e ali permanecer.

O amor é... O único trilho com destino a felicidade.

O *amor* é... Saber para onde se quer ir e onde se quer chegar.

O *amor* é... Verbo, quando as palavras forem necessárias e silêncio quando não forem.

O *amor é*... provado no fogo das lutas da vida. Você sabe que alguém o ama, não pelo que fala, mas pelo que faz. O amor não sobrevive de teorias.

O *amor* é... Perdão; diga-me quem você mais perdoou na vida, e eu então saberei dizer quem você mais amou.

O *amor* é... Sentimento superior onde se encontram, se fundem e se harmonizam todas as qualidades do coração.

O *amor* é... O coroamento da doçura, do equilíbrio e da paz.

O *amor* é... Encontro de almas que se aceitam plenamente entre a escuridão e a luz que habita e oscila em cada uma.

O *amor* é... Força intraduzível que nos eleva da matéria e nos capacita a ficar mais pertinho de DEUS.

E a dica da ANJA DOURADA deste texto é: não importa a afirmação, a dúvida ou a pergunta, o *amor* é... e sempre será a resposta.

ITÁLIA

MONTE PALATINO

CURIOSIDADES SOBRE O MONTE PALATINO

- Roma é um lugar de grandiosas construções. Uma delas é o *MONTE PALATINO*, uma das partes mais antigas da cidade. Palco de origem da Civilização Romana, historiadores e arqueólogos descobriram resquícios da presença humana cerca de mil anos antes da Era Cristã.
- Aos pés do *MONTE PALATINO*, foram construídos o Fórum Romano de um lado, e o Circo Máximo do outro. Possui mais de 70 metros de altura, e uma das teorias a respeito de seu nome afirma que ele vem da palavra latina que significa *palácio*.
- O Monte foi envolto em uma lenda especial: a caverna Lupercal, onde Rômulo e Remo foram encontrados por uma loba. Tal caverna, supostamente, ficaria no *MONTE PALATINO*. Os romanos também acreditam que a mitológica luta entre Hércules e Caco (filho de Vulcano, Deus do fogo) teria acontecido no topo do monte.
- Graças à relevância do *MONTE PALATINO* para a história de Roma, ele acabou se tornando um local onde cidadãos importantes construíram sua moradia, e até hoje é possível ver ruínas dos palácios de Otávio Augusto, Tibério e Domiciano na colina. O local é hoje um grande museu ao ar livre.

UM MONTE BEM ALTO

Na mitologia romana, Rômulo e Remo são irmãos gêmeos que foram abandonados em um cesto às margens do Rio Tigre. Segundo a lenda, os irmãos foram encontrados por uma loba que os amamentou como se fossem seus filhotes. Os irmãos cresceram fortes e saudáveis e, anos mais tarde, quiseram fundar uma cidade. Tentando definir os limites dessa cidade, os irmãos brigaram e Remo morreu no confronto. Foi assim que Rômulo fundou a cidade e proclamou-se rei, colocando o nome da cidade de Roma.

Histórias de irmãos podem ser bem trágicas e tristes, mas, desde sempre, nos trazem muitos ensinamentos, como na história a seguir:

Era uma vez, em um lugar distante daqui, dois irmãos que eram muito amigos. Nasceram juntos, alimentaram-se juntos, estudaram juntos, cresceram juntos e, unidos, seguiam seus dias. Certa ocasião, porém, um deles fez algumas calúnias a alguns conhecidos sobre seu irmão. As calúnias se espalharam rapidamente pela pequena cidade e chegaram ao conhecimento do irmão. Vendo o irmão caluniado muito triste e abatido, o irmão caluniador procurou um velho sacerdote romano e o questionou sobre o ocorrido. O sábio, calmamente, ouviu cada uma das palavras do irmão caluniador e perguntou ao final:

– Você está realmente arrependido desse pecado?

– Sim, claro.

– Bem, antes que eu lhe dê minha absolvição, vou pedir que cumpra um pedido meu. Pegue um travesseiro de penas, suba em um monte bem alto e solte as penas ao vento.

– Só isso? – admirou-se o irmão caluniador.

– Sim, depois volte aqui.

No dia seguinte o jovem voltou satisfeito. Então o sacerdote disse:

– Agora você está preparado para cumprir a segunda parte: volte à planície e recolha todas as penas que foram jogadas ao vento. O irmão caluniador respondeu assustado:

– Mas isso é impossível! E o sábio, bondosamente, respondeu:

– Justamente. Da mesma forma que é impossível reparar a calúnia e o mal que você provocou. *E a dica ANJA DOURADA desse texto é*: Perdoa o caluniador. Ele não fugirá de si mesmo.

GRÉCIA

RHODES

CURIOSIDADES SOBRE RHODES

- Conhecida por ser uma das maiores ilhas gregas, parece navegar em um mar morno e azul, numa mistura única de belas praias e uma história riquíssima que atravessa milênios.
- Medieval e muito charmosa, também, é uma cidade onde o sol brilha mais de 300 dias por ano. É famosa desde a antiguidade por ser o local que abriga o *Colosso de RHODES*: uma das Sete Maravilhas do Mundo Antigo.
- A ilha de *RHODES* situa-se no cruzamento das duas principais rotas marítimas do Mediterrâneo, entre o Mar Egeu e o litoral do Oriente Médio, Chipre e Egito. Sua posição estratégica trouxe grande riqueza para a ilha e fez da cidade de *RHODES* uma das principais da Grécia Antiga.
- Em 1988 foi declarada pela Unesco como Patrimônio Mundial da Humanidade.

UM DIA A GENTE MUDA

Era uma vez um jovem que foi à Grécia e visitou um grande sábio para lhe perguntar como deveria viver para adquirir sabedoria.

O ancião, em vez de responder, levou o jovem até uma floresta e propôs um desafio:

– Encha uma colher de azeite e percorra todos os cantos dessa floresta, mas não deixe derramar uma gota sequer.

Após ter concordado, o jovem saiu com a colher na mão, andando a passos pequenos, olhando fixamente para ela e segurando-a com muita firmeza. Ao voltar, orgulhoso por ter conseguido cumprir a tarefa, mostrou a colher ao ancião, que perguntou curioso:

– Você viu as belíssimas árvores que havia no caminho? Alimentou-se com alguma das saborosas frutas? Sentiu o aroma das maravilhosas flores do jardim? Escutou o canto inigualável dos pássaros? Aqueceu-se no sol ou se refrescou com a chuva?

Sem entender muito bem, o jovem respondeu a verdade:

– Não, não vi nada disso.

E o ancião, com bondade, explicou:

– Assim você nunca encontrará sabedoria na vida, vivendo, apenas para cumprir suas obrigações, sem usufruir das maravilhas do mundo. Assim nunca será sábio.

Em seguida, pediu para o jovem repetir a tarefa, mas desta vez observando tudo pelo caminho. E lá foi o rapaz com a colher na mão, olhando e se encantando com tudo. Esqueceu-se da colher e passou a observar as árvores, cheirar as flores, ouvir os pássaros, aquecer-se no sol e refrescar-se na chuva.

Ao voltar, o ancião perguntou se ele viu tudo e o jovem extasiado disse que sim. O ancião então pediu para ver a colher e o jovem percebeu que tinha derramado todo o conteúdo pelo caminho.

Disse-lhe o ancião:

– Assim, você nunca encontrará sabedoria na vida, vivendo para as alegrias do mundo sem cumprir suas obrigações. Assim nunca será sábio. Para alcançar a verdadeira sabedoria terá que cumprir suas obrigações sem perder a alegria de viver.

E a dica da ANJA DOURADA deste texto é: a gente vive esperando que as coisas mudem, que as pessoas mudem, que o mundo mude. Até que um dia a gente muda a forma de pensar e agir e vê que nada mais precisa mudar.

FRANÇA

EURODISNEY

CURIOSIDADES SOBRE A EURODISNEY

- Praticamente todas as crianças do mundo, alguma vez, já sonharam em visitar os parques da Disney. E realmente, quando aqueles portões se abrem, a magia pode ser vivida de forma única e inesquecível.
- Uma das atrações mais visitadas em toda a França e Europa, a EURODISNEY é um *resort* de entretenimento em *Marne-la-Vallée*, uma cidade planejada que se localiza 32 quilômetros a leste do centro de Paris.
- O *resort* cobre uma área de 19 quilômetros e compreende dois parques temáticos, 13 hotéis, um complexo de compras, alimentação, entretenimento, um campo de golfe e uma estação ferroviária.
- Foi projetado especificamente para seguir o modelo estabelecido pelo *Walt Disney World*, na Flórida. Recebe mais de 20 milhões de visitantes todos os anos, entre adultos e crianças, os quais vivem experiências marcantes e descobrem a possibilidade de realizar sonhos, interagir com os personagens e voltar a sentir a magia de ser criança.

A MAGIA

A magia e o encantamento da Disney representam a vida como a sonhamos e gostaríamos que fosse.

Cidade encantada para habitar...
Personagens felizes a nos abraçar...
Mágicos a nos surpreender...
Luzes a nos fascinar...
Histórias a nos encantar...
Brinquedos a nos divertir...
Sorrisos sempre estampados na face.
E o convite aqui é:
– Por que não trazer toda essa magia para nosso cotidiano?

Cada ato diário pode ser transformado, com um pouco de imaginação e criatividade, em pura magia.

Comecemos com o ato de abençoar-se.

Toque cada parte do seu corpo e sinta a magia que existe, pulsante, saudável, conectada.

Tomar banho pode ser algo extraordinário, se, ao ligar o chuveiro, você visualizar cores nas gotículas de água que alcançam suas células, enchendo-as de matizes alegres e multicoloridas.

Quando estiver cozinhando, deixe que a função de cozinhar se transforme em um ato de amor, cura e harmonia. Enquanto prepara o alimento, direcione sua energia para ele, desejando saúde, sucesso e equilíbrio para todos aqueles que se alimentarem dele.

Visualize sua casa irradiando luz e seja grato pelo teto e paredes que o protegem e proporcionam conforto ao seu corpo físico.

Visite um amigo e recordem histórias e momentos de alegria que já passaram juntos e seja grato por aqueles que não o deixaram sentir solidão.

Sinta o dia e a noite que chegam, de mansinho, sem atraso.

Alegre-se com o dia de sol que ilumina e aquece.

Agradeça o dia de chuva que suaviza o clima e torna fértil os campos de trigo e flores.

E a dica da ANJA DOURADA deste texto é: veja em tudo e todos a magia que existe, e sua vida será mágica também.

PORTUGAL
MOSTEIRO DOS JERÓNIMOS

CURIOSIDADES SOBRE O MOSTEIRO DOS JERÓNIMOS

- Mosteiro português da Ordem de São Jerônimo, o *MOSTEIRO DOS JERÓNIMOS* foi construído no século XVI. Estreitamente ligado à Casa Real Portuguesa e a epopeia dos Descobrimentos, o mosteiro foi, desde muito cedo, interiorizado como um dos símbolos da nação.
- Encontra-se classificado como: Monumento Nacional, Patrimônio Mundial da Unesco e uma das sete maravilhas de Portugal. É atualmente uma das mais importantes atrações turísticas da cidade e conta com mais de 1 milhão de visitantes por ano.
- Estão sepultados no mosteiro duas figuras importantes da história e cultura portuguesa: o poeta Luiz Vaz de Camões e o navegador Vasco da Gama.
- Ponto culminante da arquitetura manuelina, esse mosteiro é o mais notável conjunto monástico português do seu tempo e uma das principais e mais belas atrações da Europa.

PAI-NOSSO

Pai-Nosso... Que estás nas flores, no canto dos pássaros, na nascente das águas, no coração a pulsar.

Pai-Nosso... Que estás na compaixão, na caridade, na paciência e no gesto de perdão.

Pai-Nosso... Que estás em mim, que estás naquele que eu amo, naquele que me fere, naquele que busca a verdade.

Pai-Nosso... Que estás nos hospitais, nos presídios, nas favelas e nas ruas.

Pai-Nosso... Que estás nas mãos que plantam, que colhem, que alimentam e que constroem.

Santificado seja o teu nome por tudo o que é belo, bom, justo e gracioso.

Venha a nós o Teu reino de paz e justiça, fé e caridade, luz e amor.

Seja feita a Tua vontade, ainda que minhas rogativas prezem mais o meu orgulho do que as minhas reais necessidades.

Perdoa as minhas ofensas, os meus erros, as minhas faltas.

Perdoa quando torna-se frio o meu coração.

Perdoa-me, assim como eu possa perdoar àqueles que me ofenderam, mesmo quando meu coração estiver ferido.

Não me deixes cair nas tentações dos erros, vícios e egoísmos.

E livrai-me de todo mal, de toda violência, de todo infortúnio, de toda enfermidade.

Livrai-me de toda dor, de toda mágoa e de toda desilusão.

Mas, ainda assim, quando tais dificuldades se fizerem necessárias, que eu tenha força e coragem de dizer:

Obrigado Pai, por mais esta lição.

Que assim seja.

Amém.

E a dica da Anja Dourada desse texto é:
Orar é como falar com o seu melhor amigo, simples assim!

CHILE
PATAGÔNIA

CURIOSIDADES SOBRE A PATAGÔNIA

- PATAGÔNIA é uma região geográfica que abrange a parte mais sul da América do Sul. É conhecida como o "fim do mundo".
- O nome PATAGÔNIA vem de "patagão", uma palavra usada por Fernão de Magalhães, em 1520, para descrever o povo nativo que sua expedição acreditou serem gigantes, já que tais nativos possuíam uma altura média de 1,80 metros, em comparação com o 1,55 metros de média dos europeus da época.
- O litoral da PATAGÔNIA é habitado por espécies diversas, como lobos marinhos, pinguins e orcas. Comuns também são os guanacos, parentes da lhama.
- Com uma densidade demográfica de 1,5 habitante por quilômetro quadrado, a Patagônia é uma das regiões menos habitadas de toda a América do Sul.

AS MONTANHAS DO CAMINHO

Juntos, chegamos, literalmente no fim do mundo, como nos mostra a placa na foto ao lado.

São lagos, geleiras e montanhas a perder de vista.

Vale refletir aqui que o fim de uma situação é apenas o início de uma nova história.

Quem tem fé não se desespera diante das dificuldades, mesmo que essas dificuldades se pareçam com montanhas, aparentemente frias e intransponíveis.

Jamais nos faltará proteção na escalada das montanhas de dificuldades, que, às vezes, teimam em permanecer em nossa vida.

Recorde que ninguém, absolutamente ninguém, poderá roubar nosso direito de continuar a escalada rumo à perfeição e à felicidade.

Trabalhemos com duplicado fervor na sementeira do bem, à maneira de servidores provisoriamente distanciados do verdadeiro lar.

Tenhamos fé e prossigamos na busca do nosso próprio bem!

A palavra FÉ tem origem no latim FIDES, que significa fidelidade. Portanto, ter fé não é apenas crer, mas ser fiel às leis divinas.

A fé sincera é calma, é paciente e sabe esperar!

Não perca sua fé diante das transitórias lutas do mundo.

De todos os infelizes, os mais desventurados são os que perderam a fé em DEUS e em si mesmos.

E a dica da ANJA DOURADA deste texto é: as paisagens e horizontes mais amplos e belos são revelados somente àqueles que persistirem na escalada. Mas não se iluda... somente atingirá o topo da montanha quem estiver decidido a enfrentar o esforço da escalada.

ESTADOS UNIDOS DA AMÉRICA

CENTRAL PARK

CURIOSIDADES SOBRE O CENTRAL PARK

- O CENTRAL PARK foi projetado pelo escritor e paisagista Frederick Law Olmsted e pelo arquiteto inglês Calvert Vaux em 1858.
- Considerado pelo Guiness Book o lado verde de New York, é visitado anualmente por uma média de 35 milhões de pessoas.
- É o parque mais visitado de New York e, com certeza, um dos mais famosos do mundo. Constantemente é cenário de programas de TV americanos e diversas produções para o cinema internacional.
- O parque possui zoológico, teatro, castelo, diversos lagos, fontes, trilhas para caminhada, pistas de patinação no gelo e uma área verde com mais de 25 mil árvores. É de tirar o fôlego.

O COMBUSTÍVEL CERTO PARA A ALMA

Ninguém conhece o potencial de uma semente até que ela seja colocada na terra, adubada, regada, cuidada e se transforme em uma linda árvore.

Se fizermos uma analogia, podemos comparar os nossos problemas à terra.

São os nossos problemas que fazem com que nós, as sementes, possamos germinar, crescer, florescer e frutificar.

Todos somos "árvores" em potencial. Temos um imenso poder dentro de nós e precisamos criar as condições favoráveis para que esse poder pessoal existente seja vivenciado.

Tudo o que mais desejamos nessa vida está fora da nossa zona de conforto.

Então precisamos levantar do sofá e ir à luta.

É importante trabalhar pelas coisas que realmente queremos, mas, às vezes, nos falta energia, não é mesmo?

O dia a dia corrido, as redes sociais, os videogames... infelizmente têm nos levado a um distanciamento da natureza cada vez maior. Milhões de pessoas vivem em grandes centros urbanos e se esquecem de olhar o céu, as estrelas, a lua, o sol, de pisar na terra.

A falta desse tempo para contemplar a natureza esvazia a nossa energia.

Vou lhe dar um exemplo: quando ficamos um mês sem regar uma planta, ela murcha, seca e morre. Acontece o mesmo quando não colocamos o combustível certo na nossa alma: nos sentimos sem energia, tristes e desanimados.

Então, qual é o combustível certo para a nossa alma?

Vou lhe indicar alguns: Amor, Caridade, Gratidão, Alegria, Paz, Amizade, Fé e também esse contato mais próximo com a natureza.

E a dica da ANJA DOURADA deste texto é: pessoas felizes alimentam-se do combustível certo. Alimente-se você também!

BÉLGICA

BRUGES

CURIOSIDADES SOBRE BRUGES

- Considerada uma das cidades medievais mais belas da Europa, é frequentemente chamada de "Veneza do Norte", em razão dos inúmeros canais que cercam ou atravessam BRUGES.
- Reúne um bom número de museus, além de uma intensa vida cultural. Pode ser percorrida a pé ou através de diversos passeios de barcos que navegam pelos principais cartões postais da cidade.
- A gastronomia local oferece frutos do mar, batata frita, cervejas, doces e chocolates. Tem opções para todos os paladares.
- Desde o ano 2000, o centro histórico de BRUGES foi declarado Patrimônio Mundial da Humanidade. Tudo muito lindo e alegre. Destaque para as portas coloridas das casas, uma atração à parte. Eu amei!

A PORTA

Quando vamos visitar a casa de alguém, geralmente nos deparamos com a porta fechada.

Mas, se realmente queremos falar com a pessoa que fomos visitar, o que é preciso fazer?

Bater à porta, tocar a campainha, interfonar, bater palmas, chamar...

É preciso nos movimentar para que as portas se abram.

Acontece assim no mundo físico, acontece da mesma forma no mundo espiritual.

Quer o dom da cura? Comece amando os doentes.

Quer ter amigos? Seja amigo e se interesse pela vida deles, pela solução de suas necessidades.

Quer falar com acerto? Aprenda a ouvir.

Quer ter mais virtudes? Discipline-se.

Quer ter o dom de ensinar? Seja humilde para aprender.

Quer progredir? Estude.

Quer mais AMOR? Ame mais.

A renovação interior exigirá sempre compaixão e amor consigo mesmo, mas exigirá também ATITUDE de bater à porta para que os corações se abram em nosso favor e passem a enriquecer ainda mais nossa vida.

Ninguém é exatamente como gostaríamos que fosse.

Cada um tem o seu jeito de ser, de agir e de pensar.

Somos únicos, irrepetíveis, incomparáveis, insubstituíveis. Não nos esqueçamos disso.

Quando aprendemos a conviver com os diferentes e as diferenças, aprendemos também que a vida pode ser bem mais leve e colorida!

E a dica da ANJA DOURADA deste texto é: diferenças não são defeitos. Aprenda esse grande segredo e abra as portas dos corações que te cercam!

BRASIL
GRUPO ENERGISA

CURIOSIDADES SOBRE O GRUPO ENERGISA

- Com sede na cidade de Cataguases, o *GRUPO ENERGISA* foi fundado em 1905 com a criação da Companhia Força e Luz Cataguases – Leopoldina.
- Seus fundadores foram José Monteiro Ribeiro Junqueira, João Duarte Ferreira e Norberto Custódio Ferreira.
- Em 1908, a empresa inaugura sua primeira hidrelétrica, a Usina Maurício, com 800 kw de potência, uma das geradoras pioneiras do país. Alguns anos mais tarde, em 1925, torna-se umas das primeiras empresas no mundo a dar participação dos lucros aos empregados.
- O *GRUPO ENERGISA* é o sexto maior grupo de distribuição de energia do Brasil, com aproximadamente 6 milhões de clientes e atendendo uma população de quase 16 milhões de pessoas, em 788 municípios, de nove estados do Brasil.

A ENERGIA DO UNIVERSO

Nossa *energia* é a chave de ouro indispensável para alcançarmos o sucesso e a superação de cada um dos obstáculos que se apresentam ao longo de nossa caminhada pela vida.

Todos temos uma quantidade atribuída de *energia* e precisamos aprender a utilizá-la de forma positiva, pois é ela que nos permite acordar pela manhã com alegria, trabalhar com motivação, ter atitudes positivas ao lidar com situações cotidianas e tirar proveito de cada oportunidade que nos é apresentada.

Cada um de nós pode renovar essas *energias* todos os dias e tirar o máximo proveito delas, trazendo à superfície nossos talentos e tudo o que nos permite sobressair como indivíduos, seja no desenvolvimento pessoal, espiritual ou profissional.

Somente nós temos o poder de controlar nossa própria *energia* e utilizá-la, a cada dia, da maneira como escolhemos.

Existem, porém, as chamadas *interferências energéticas* ou *ladrões de energia*, que, de maneira suave ou brusca, podem afetar nossa motivação, nosso humor ou produtividade.

São muitos os ladrões, aqui vou ressaltar três:

1 – É inútil ter uma linda família, amigos legais, um excelente trabalho e muito dinheiro se não temos cuidado com nosso corpo, nosso bem-estar. Dê prioridade a sua saúde.

2 – Afaste-se de pessoas que se aproximam de você somente para reclamar, falar de problemas, desastres, crimes, medos. Se alguém está procurando uma lata para jogar o lixo, certifique-se de que essa lata não é você.

3 – Organize, coloque no lugar, faça doações, jogue fora. Nada nos tira mais *energia* que um lugar desarrumado, cheio de coisas do passado das quais não precisamos mais. Deixe para trás o que passou e fique apenas com aquelas coisas que lhe permitem viver bem hoje e realizar seus sonhos no futuro.

E a dica da ANJA DOURADA deste texto é: plante, adube e cultive *energias* positivas que o Universo inteiro trabalhará a seu favor.

FRANÇA
CATEDRAL NOTRE-DAME DE PARIS

CURIOSIDADES SOBRE A CATEDRAL NOTRE DAME DE PARIS

- A *CATEDRAL NOTRE-DAME DE PARIS* (em francês, *Cathédrale Notre-Dame de Paris*) foi construída entre 1163 e 1245. É uma das mais antigas e importantes catedrais da França, da Europa e do mundo.
- Situa-se na Ilê de la Cité e é rodeada pelas águas do Rio Sena. Um dos pontos turísticos mais visitados da lindíssima capital francesa, é passagem obrigatória para quem desembarca na cidade pela primeira ou centésima vez.
- A *CATEDRAL* faz parte da história da cidade desde o início e indica seu centro geográfico. Uma pequena placa no solo, em frente à entrada da Catedral, marca o ponto zero para cálculo de todas as distâncias, ou seja, a Catedral é o marco zero de Paris.
- É dedicada a Maria, Mãe de Jesus Cristo (daí o nome *NOTRE-DAME*: Nossa Senhora). Lugar sagrado, foi palco de fatos importantes. Grandes nomes da história se casaram, foram coroados, celebrados ou velados na famosa e sagrada *CATEDRAL NOTRE-DAME DE PARIS*.

O SAGRADO

Sagrado é o amor... Alimento da alma imortal.

Assim como a comida é alimento físico para o corpo, o amor é alimento espiritual para a alma.

Sem comida o corpo enfraquece, sem amor a alma enfraquece.

Aprendamos então a nos alimentar do amor que oferecemos.

Uma pessoa que se ama e se respeita, respeita também os outros porque já compreendeu que, assim como eu gosto e preciso do amor, do respeito, da consideração, os outros também gostam e precisam das mesmas coisas.

É preciso nos conscientizarmos, sempre, que não somos diferentes, no que diz respeito ao essencial.

Inevitavelmente, quando alcançamos certo nível de amor próprio, esse sentimento começa a transbordar e alcançar os outros também.

É lei espiritual.

Se você vive o amor, você começa a transbordá-lo e compartilhá-lo.

Você sentirá que é capaz de preencher todo o Universo com esse sentimento.

O verdadeiro amor não está distante, ele se encontra dentro de cada um de nós e aguarda apenas que as mãos fortes da vontade o alcancem e lhe concedam a chance de respirar os ares do mundo.

O amor puro habita não apenas os romances literários, os filmes, os poemas inspirados e a vida dos casais apaixonados.

O amor está conosco nos pequenos gestos de carinho, nas gentilezas inesperadas, nas renúncias escolhidas, no olhar que busca, na mão que ampara, no sorriso tímido, na palavra não pronunciada...

E a dica da ANJA DOURADA deste texto é: quando você se torna mais amoroso, você começa a criar asas, e assim todo o céu lhe pertence.

PORTUGAL

TORRE DE BELÉM

CURIOSIDADES SOBRE A TORRE DE BELÉM

- Localizada às margens do Rio Tejo, a TORRE DE BELÉM exercia a dupla função de ser uma estrutura defensiva e também uma porta de entrada da cidade de Lisboa para os viajantes que retornavam das explorações ao redor do mundo.
- Construída no ano 1520, destaca-se pelo nacionalismo nela implícito, sendo rodeada por decorações como o Brasão de Armas de Portugal.
- O estilo manuelino incorporou motivos que mostram o contato dos portugueses com outros povos e culturas. Uma prova disso é a cabeça de rinoceronte da fachada oeste da Torre de Belém; o animal foi oferecido pelo rei de Cambaia (da Índia) ao rei D. Manuel I.
- A Torre de Belém é uma das sete maravilhas de Portugal, também considerada Patrimônio Mundial da Humanidade pela UNESCO.

AS ÁGUAS DOS DONS DIVINOS

Você já reparou que as águas dos dons divinos passam em todos os continentes... Mas, cada um recolhe a quantidade de água de acordo com o recipiente que possui.

Quer um exemplo?

Se você se colocar diante do mar e tiver um recipiente pequeno nas mãos, recolherá uma quantidade pequena de água.

E se você tiver um recipiente maior, recolherá uma quantidade maior de água, não é mesmo?

É assim no mundo físico e é assim no mundo espiritual.

As agúas do amor divino fluem em abundância...

Sem parar...

Incessantemente...

O tempo inteiro...

Mas dependerá dos nossos recipientes internos a quantidade das águas desse amor que poderemos reter.

E como nos transformar de um recipiente pequeno em um recipiente maior?

Não tem fórmula mágica... E sim: esforço, dedicação, disciplina, estudo, empenho, oração e muito trabalho.

E a dica da ANJA DOURADA deste texto é: seus pais não podem construir suas virtudes, seus irmãos não podem, seus amigos não podem... Absolutamente ninguém pode. A construção de suas virtudes é trabalho seu, individual, pessoal e intransferível. Só depende de você!

FRANÇA
OPERA GARNIER

CURIOSIDADES SOBRE A OPERA GARNIER

- A OPERA GARNIER é uma casa de ópera em estilo neobarroco, com capacidade para 1.900 expectadores.
- Foi projetada pelo arquiteto Charles Garnier no contexto da grande reforma urbana de Paris no Segundo Império, liderada pelo prefeito Georges Eugène Haussmann e autorizada por Napoleão III.
- O majestoso edifício tem uma área total de 11 mil metros quadrados e um palco imenso que pode acomodar até 450 artistas.
- Exatamente ali nasceu a lenda do "Fantasma da Ópera", escrita pelo francês Gaston Leroux e eternizada no famoso musical. É fascinante saber que tudo na ficção foi inspirado, de alguma forma, em misteriosos fatos reais acontecidos no local.

LEVEZA NA ALMA

Ninguém passa uma existência inteira somente entre más recordações e maus momentos. Mas, ao escolher ficar rememorando momentos tristes e dolorosos, carregamos um peso inútil para nossa vida.

A fixação no "lado ruim" de tudo e de todos é uma questão de escolha mental que você – e somente você – poderá alterar.

E como fazer essa alteração?

Quando se lembrar de fatos dolorosos e infelizes, imediatamente vasculhe a memória em busca de momentos de ternura e alegria. Rememore os instantes de paz que já viveu ao lado daqueles que hoje não caminham mais ao seu lado. Faça uma oração por eles... Envie luz!

Controlemos os impulsos dos sentimentos menos aprimorados, aperfeiçoando-os, pouco a pouco, com tolerância construtiva, sem culpa e sem justificativas, atentos ao dever do aperfeiçoamento.

Exercitemos a sintonia com o presente, tendo sempre como meta um futuro mais feliz... optando sempre pelas boas e melhores mentalizações em nossos dias.

Com confiança em DEUS, esforço pessoal e perseverança no bem, construiremos os alicerces da nossa felicidade e assim, pouco a pouco, sentiremos a leveza de quem quer deixar para trás o peso de tudo que não tem mais utilidade nos momentos de agora!

E a dica da ANJA DOURADA deste texto é: bom mesmo é ter leveza na alma, dançar por entre sonhos, ter um sorriso fácil e muito, muito, muito AMOR no coração!

PORTUGAL

MONUMENTO GAGO COUTINHO E SACADURA CABRAL

CURIOSIDADES SOBRE O MONUMENTO GAGO COUTINHO E SACADURA CABRAL

- O monumento reproduz o hidroavião "Lusitânia", utilizado por Gago Coutinho e Sacadura Cabral, na primeira travessia do Atlântico Sul, rumo ao Brasil em 1922.
- Inaugurado em 15 de outubro de 1991, localiza-se no Jardim da Torre de Belém e presenteia seus visitantes com uma vista de tirar o fôlego.
- O hidroavião, em aço inox, com as mesmas medidas do original, em cujo interior, sugerindo presença humana, estão modelados os bustos em bronze dos oficiais da Marinha de Guerra, os comandantes Gago Coutinho e Sacadura Cabral.
- Junto ao avião existe uma placa com suas características e um mapa do trajeto realizado pela dupla de aviadores.

MAIS TERNURA, POR FAVOR

Certa vez, eu estava a bordo de um avião, exercendo minha função como Aeromoça, e presenciei uma cena interessante, que particularmente, me marcou de alguma forma.

Estávamos tranquilamente sobrevoando o Oceano Atlântico, um voo noturno da rota Lisboa–Rio de Janeiro.

A bordo, havia uma criança pequena, com aproximadamente 5 anos de idade, viajando com a mãe.

O menino estava com a cabecinha encostada na janela do avião, olhando distraidamente para a paisagem, quando, de repente, uma turbulência brusca e inesperada aconteceu e ele bate a cabeça, com força, na janela.

No mesmo instante, eu ouvi os gemidos altos e aflitos dele e corri depressa para ampará-lo, temendo que ele tivesse se machucado gravemente, mas, para meu alívio, não havia sinal de ferimento algum.

Então presenciei uma cena comovente: quando a dor diminuiu, a criança, aos poucos, foi se acalmando e silenciando, enquanto a mãe lhe esfregava a cabeça dizendo:

– Meu filho, deve ter doído muito. Coitadinho! Vou fazer carinho para a dor passar depressa. Mas, veja, a janela também deve ter se machucado. Coitadinha! Vamos fazer um carinho para ela se sentir melhor também, vamos?

A criança concordou com a cabeça e ele e a mãe começaram a acariciar a moldura da janela, silenciosamente.

E a dica da ANJA DOURADA deste texto é: vamos olhar com mais atenção e ternura para o que nos cerca. Tudo e todos têm sua função na obra divina da Criação!

ESTADOS UNIDOS DA AMERICA

MUSEU MADAME TUSSAUDS

CURIOSIDADES SOBRE O MUSEU MADAME TUSSAUDS

- São 13 filiais do MUSEU MADAME TUSSAUDS espalhados por todo o mundo, em cidades como: New York, Londres, Los Angeles, Hong Kong, Amsterdã, Tokyo, Viena, Las Vegas, Berlim, Sidney, Hollywood e muitas outras.
- Figuras de cera, réplicas perfeitas de líderes políticos, personagens de desenhos animados, jogadores de futebol, basquetebol, cantores, cientistas, reis, rainhas, papas, líderes religiosos, presidentes e estrelas de Hollywood estão presentes em todo o museu.
- As figuras de cera permitem ao visitante fazer uma viagem extraordinária através da história da humanidade.
- No museu há um cinema em 4D, onde é exibido um curta-metragem, com efeitos especiais. O movimento de sua própria poltrona faz você se sentir como se estivesse realmente lutando no filme, em vez de ser apenas um simples expectator.

O MAIOR SUCESSO

Dentro do *MUSEU MADAME TUSSAUDS*, na presença de tantas celebridades do mundo, não pude deixar de pensar na palavra SUCESSO!

E essa virou uma palavra da moda.

Mas será mesmo que a estrada pela qual caminha a humanidade leva ao verdadeiro sucesso?

Verdadeiro sucesso é *ser*, não *ter*.

SER e TER são dois verbos completamente diferentes.

O *ser* humano tem vocação natural para a felicidade, mas vive correndo atrás de miragens, fantasias e ilusões que não preenchem sua existência.

É preciso saber lutar por sonhos que valem a pena e só vale a pena quando a causa é nobre.

Use sua energia divina para construir felicidade verdadeira, e essa construção envolve o relacionamento que temos com outros seres.

Nós, humanos, somos seres gregários e não podemos ser verdadeiramente felizes quando nos isolamos ou quando constantemente estamos em conflito com os que estão ao nosso redor.

A felicidade pode ser comparada a um arco-íris: ela aparece quando há condições favoráveis. E a condição mais favorável e perfeita é o Amor... Amor a DEUS, amor a si mesmo e amor ao próximo.

Só podemos conhecer e experimentar a verdadeira felicidade quando nos sentimos amados e quando amamos verdadeiramente!

E a dica da ANJA DOURADA deste texto é: descubra na sua vida quem são as pessoas dignas do seu amor e dedique mais tempo a elas. Leve seu abraço, leve seu sorriso, leve sua presença e esses momentos serão seu maior sucesso!

ESTADOS UNIDOS DA AMÉRICA

PORT AUTHORITY

CURIOSIDADES SOBRE PORT AUTHORITY

- PORT AUTHORITY não é um simples terminal rodoviário, mas, sim, o maior terminal rodoviário do mundo.
- Inaugurado no dia 15 de dezembro de 1950, localiza-se na ilha de Manhattan, na cidade de New York.
- Além de terminal rodoviário dos ônibus municipais e interestaduais, é também estação de trem e estação de metrô.
- 65 milhões de pessoas, aproximadamente, transitam pelo local todos os anos.

O SÁBIO DO EGITO

O maior terminal rodoviário do mundo é fonte de inspiração para uma interessante história.

Certa vez, um turista americano foi à cidade do Cairo, no Egito, visitar um famoso sábio.

O turista ficou surpreso ao encontrar o sábio e ver que ele morava em um quartinho muito simples.

Os únicos móveis eram uma cama, uma mesa e alguns livros.

O turista, curioso, perguntou:

– Onde estão seus móveis?

O sábio olhou para ele, sorriu pacientemente e perguntou também:

– Onde estão os seus?

– Os meus? – surpreendeu-se o turista americano.

– Mas eu estou aqui só de passagem.

E o sábio, sorridente, respondeu:

– E eu também!

Essa breve história nos relembra que a vida na Terra é **somente uma passagem**, no entanto, alguns vivem como se fossem **ficar por aqui eternamente**, tão preocupados em acumular que simplesmente se esquecem de ser felizes.

Todo bom viajante sabe que quanto maior e mais pesada for sua bagagem, mais a viagem se torna difícil, penosa e cansativa. Então, o convite aqui é: vamos nos livrar dos excessos?

Excesso de mágoas... Excesso de rancores... Excesso de indisciplina... Excesso de estresse... Excesso de críticas... Excesso de impaciência...

Vamos nos livrar de todo e qualquer tipo de excesso que, por acaso, tenhamos acumulado na grande e maior viagem que é a nossa vida!

E a dica da ANJA DOURADA deste texto é: a luz é preciosa, mas seu excesso ofusca. A saudade na dose certa faz bem, mas seu excesso machuca. O cuidado é importante, mas seu excesso aprisiona. Em todas as coisas, fuja do excesso!

BRASIL

SOL E NEVE

CURIOSIDADES SOBRE A SOL E NEVE

- Fundada em 1976 pelo casal Orlando Brandão e Adair Maria Brandão, na cidade de Leopoldina, Minas Gerais, a *SOL E NEVE* é uma empresa do setor de sorvetes, estruturada com profissionais experientes e maquinários de altíssima qualidade.
- Seus sorvetes são deliciosos (sou fã número um), com grande variedade de sabores e focados na "*saudabilidade*", o que confere um inigualável padrão de qualidade a cada uma das opções do cardápio, transformando tudo em um *Mundo de Sabores*.
- As "Festas de Aniversário na *SOL E NEVE*" em salões privativos, e o tradicional trenzinho que diverte a criançada, passeando pelas ruas são um verdadeiro sucesso.
- Atende mais de 200 cidades em três estados do Brasil – Minas Gerias, Rio de Janeiro e Espírito Santo – e sua principal missão é levar sabor, diversão e promover momentos felizes na vida de seus milhares de clientes. Destaque para o *Festival de Sorvete Solidário* que acontece todos os anos, com renda 100% destinada a instituições de caridade.

O SOL E A NEVE

Era inverno, e uma linda manhã de sol acordava a floresta.

Fernanda, a formiguinha feliz, realizava seu trabalho pelos caminhos do mundo, quando, de repente, o tempo mudou bruscamente e começou a nevar. Fernanda correu apressada para se proteger, mas não correu o suficiente e um floco de neve caiu sobre sua perna.

Imobilizada, sem conseguir se mexer, começou a pedir ajuda às suas amigas formigas, mas nada adiantou porque elas não escutaram, na pressa que estavam de correr e se abrigar da neve também. Fernanda então começa a pedir ajuda ao muro que estava a sua frente:

– Sr. Muro, tu que és alto, grande e forte podes me ajudar?

– Não, formiguinha, eu não posso me mexer para te ajudar. Peça ajuda à flor que está atrás de você. E Fernanda assim o fez:

– Sra. Flor, podes me ajudar?

– Fernanda, querida, minha missão é perfumar e encantar, não ajudar. Peça ajuda ao gato que está se aproximando. E Fernanda gritou:

– Sr. Gato, por favor, me ajude com esse floco de neve. Estou presa, não posso me mexer.

E o gato ronronou, espreguiçou e, com ar de indiferença, disse:

– Sou um gato muito lindo, não posso te ajudar senão irei estragar minhas unhas. Agora só tenho tempo de me lamber... E saiu indiferente.

Fernanda, já desesperada, sem forças para pedir ajuda aos seres da Terra, resolve pedir ajuda aos seres do céu e faz uma oração fervorosa. De repente, sentiu um raio de sol luminoso surgir por entre as nuvens, aquecendo novamente o dia. Sentindo esperança de se livrar do floco de neve, Fernanda pergunta curiosa:

– Sr. Sol, o senhor vai mesmo me ajudar?

E o Sr. Sol, com grande felicidade e brilho, responde:

– Sra. Fernanda, és uma formiguinha muito amada e DEUS que ouve todas as preces me ordenou que saísse detrás das nuvens e derretesse o floco de neve que a prendia, devolvendo assim seus movimentos para que possa ser uma formiguinha feliz novamente.

E a dica da ANJA DOURADA deste texto é: mesmo às vezes distantes, podemos encontrar uma maneira de sermos úteis. Quem quer realmente ajudar sempre encontra uma maneira.

ARGENTINA

MENDOZA

CURIOSIDADES SOBRE MENDOZA

- Capital e maior cidade da província de *MENDOZA*, na Argentina, localiza-se a oeste do país, nas bordas da Cordilheira dos Andes.
- Um dos pontos turísticos mais importantes da Argentina, *MENDOZA* recebe o título de *Adega da Argentina*, pois a região metropolitana mendocina é, destacadamente, a principal joia no setor de produção de vinho, com 70% da produção vinícola da Argentina e o honroso quinto lugar no mundo.
- Altitude que varia entre 900 a 1.800 metros, solo desértico, escassas chuvas, vento seco, um benfazejo e inclemente sol (cerca de 300 dias de sol por ano) e a baixa umidade constituem o clima perfeito que afasta insetos, pragas e fungos.
- *MENDOZA* também vive de aventura. É a cidade que recebe a maioria dos montanhistas em busca de desafios, na maior montanha das Américas. Com 6.962 metros de altitude, o Aconcágua domina a paisagem da região, promove o turismo e também movimenta o comércio da cidade.

O PLANO

Uma filha chegou para seu pai e disse:

– Pai, não aguento mais minha vizinha. Quero matá-la, mas tenho medo que descubram. O senhor pode me ajudar?

O pai respondeu:

– Posso sim, minha filha, mas tem uma condição: você vai precisar fazer as pazes com ela para que ninguém desconfie de você quando ela morrer. Então o plano é você cuidar dela, ser gentil, paciente, agradecida, carinhosa, atenciosa. Convide-a para tomar uma taça de vinho com você todas as noites, aí você coloca esse pozinho branco no copo dela. Mas coloque só um pouco para não mudar o sabor do vinho e ela não desconfiar. Ela morrerá aos poucos, tenho certeza, e isso levará, em média, 60 dias.

Entretanto, passado 30 dias, a filha voltou bastante aflita e disse ao pai:

– Eu não quero mais que minha vizinha morra, pai. Todos esses dias que me obriguei a permanecer com ela sendo gentil, paciente, agradecida, carinhosa e atenciosa, para cumprir nosso plano... Eu aprendi a amá-la, pai, com todo meu coração. E agora? Como faço para cortar o efeito do veneno?

E o pai, aliviado, responde:

– Minha filha, o pozinho branco era açúcar. O que você fez foi apenas adoçar o vinho dela e o seu coração, pois o veneno estava em você!

Assim acontece na vida... Quando alimentamos rancores, raivas e ofensas, morremos aos poucos.

Que possamos, então, fazer as pazes conosco e com quem nos ofendeu de alguma forma.

Que possamos tratar os outros como gostaríamos de ser tratados.

Que possamos ter a iniciativa de doar, de servir, de presentear, de agradecer, de cuidar, de amar!

E a dica da ANJA DOURADA deste texto é: o primeiro a pedir perdão será sempre o mais corajoso. O primeiro a perdoar será o mais forte. E o primeiro a esquecer será o mais feliz.

GRÉCIA

PLATÃO

CURIOSIDADES SOBRE PLATÃO

- Importante filósofo, nasceu em Atenas, na Grécia, provavelmente em 427 a.C e morreu em 347 a.C.
- Considerado um dos principais pensadores gregos, influenciou profundamente a filosofia ocidental.
- Suas ideias baseiam-se na diferenciação do mundo entre as formas sensíveis (ideias e inteligência) e as formas visíveis (seres vivos e matéria).
- PLATÃO distingue sempre o Bem e o Belo, mas afirma que eles são indissociáveis: o Belo não é mais do que uma manifestação do Bem.

NO CULTIVO DO EQUILÍBRIO

Conta PLATÃO que sete sábios da Grécia reuniram-se no templo de Apolo, no século VI a.C.

Eram eles: Tales de Mileto, Pítacos de Mitilene, Bias de Priene, Sólon, Cléobelo de Lindos, Mison de Khene e Chilon.

Após intensos debates, fizeram gravar duas inscrições em uma das paredes do templo.

A primeira é bastante conhecida e sempre lembrada quando se cogita a edificação de uma vida melhor:

–"Homem, conhece-te a ti mesmo".

A segunda inscrição, igualmente importante, porém menos conhecida é:

–"Nada em excesso".

Se observarmos com clareza, verificaremos que uma inscrição é complemento indispensável da outra.

A maior parte dos males que nos afligem estão relacionados com o fato de nos excedermos.

Por exemplo: o obeso é alguém que come demais... O maledicente é alguém que fala demais... O alcoólatra é alguém que bebe demais... O avarento é alguém que quer dinheiro demais... o deprimido é alguém que vê problemas demais... O infeliz é alguém que pensa em si demais... O neurótico é alguém que se preocupa demais... O iludido é alguém que sonha demais...

Foge dos excessos.

O caminho do meio é o mais apropriado para quem busca a luz imperecível.

E a dica da ANJA DOURADA deste texto é: DEUS é equilíbrio, DEUS é harmonia. Observa a natureza e sente o Universo que encontrarás a estabilidade e a paz imperturbável do Criador.

ESTADOS UNIDOS DA AMÉRICA

ATLANTA

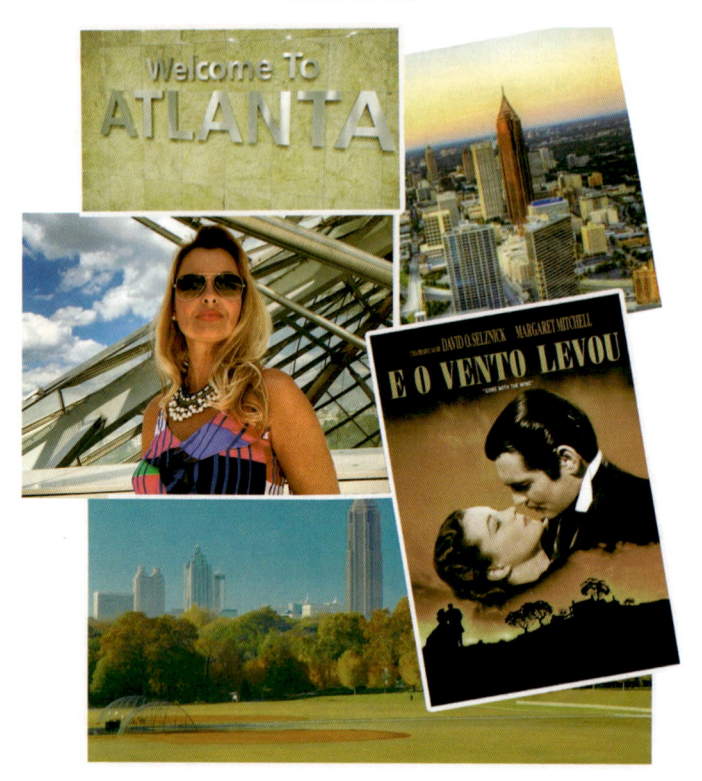

CURIOSIDADES SOBRE ATLANTA

- ATLANTA é a capital e cidade mais populosa do estado norte-americano da Georgia, além de centro cultural, econômico e político da região.
- Visitar o Museu da Coca-Cola e experimentar "todos" os sabores de refrigerantes da Coca-Cola Company do mundo inteiro é uma experiência imperdível em ATLANTA.
- *E o Vento Levou*, um dos filmes mais famosos de todos os tempos, deixou a cidade imortalizada através das cenas de Scarlet O´Hara.
- O aeroporto HARTSFIELD JACKSON é o maior do mundo, com movimentação de aproximadamente 95 milhões de passageiros e milhões de pousos e decolagens por ano. UAU!

A VIAGEM DO APRENDIZ

Penso que nossa vida pode ser comparada a uma viagem de avião, e essa viagem é cheia de expectativas, esperas, encontros, desencontros, despedidas e também muitos embarques, desembarques, alguns acidentes, incidentes, grandes alegrias e grandes tristezas.

Quando nascemos, embarcamos no avião e nos deparamos com algumas pessoas que já estão em seus assentos: são nossos pais, nossos avós, tios, primos, irmãos.

Algumas dessas pessoas aproveitam a viagem ao nosso lado e nos ensinam, amparam, aconselham, cuidam e nos mostram belas paisagens que, sozinhos, talvez, não conseguíssemos enxergar.

Infelizmente, em alguma escala, eles precisarão descer e nos deixarão órfãos do seu carinho, amizade e companhia.

Mas outras pessoas irão embarcar para seguir viagem conosco: são nossos irmãos, amigos, professores, amores.

Curioso é que algumas pessoas que amamos muito, às vezes, são colocadas em lugares diferentes, longe do nosso, mas sabemos que estão lá... de alguma forma seguindo viagem conosco.

O mais importante, porém, é que busquemos fazer nossa viagem da melhor maneira possível, tentando nos relacionar bem com os outros passageiros, vendo em cada um deles o que existe de melhor!

E a dica da ANJA DOURADA deste texto é: que a nossa breve viagem... seja uma grande oportunidade de aprender e ensinar, de entender e atender aqueles que viajam ao nosso lado. Que aprendamos a AMAR sempre mais... Pois não sabemos quanto tempo ainda nos resta até o desembarque final!

FRANÇA
UNIVERSIDADE SORBONNE

CURIOSIDADES SOBRE A UNIVERSIDADE SORBONNE

- Quando o assunto é estudar na França, certamente um dos primeiros nomes que vêm à cabeça de muitos estudantes é o da UNIVERSIDADE PARIS SORBONNE (em francês: *Université Paris Sorbonne*).
- Seu nome é alusivo ao teólogo do século XIII Roberto de Sorbon, fundador do Colégio de Sorbonne, em 1257, que à época era dedicado ao ensino de teologia.
- Localizada no centro de Paris, é uma universidade pública, especialista no domínio das letras e das ciências humanas. Constitui um centro inovador na grande tradição da transmissão do saber clássico e da cultura da humanidade.
- Possui cerca de 26.000 estudantes e 1.300 professores-pesquisadores. Seu corpo docente participa de diversos eventos e a universidade abriga um grande número de conferências internacionais.

A ETERNA MATEMÁTICA DA VIDA

Você já parou para observar a escola e as disciplinas com que se formam os profissionais?

Estudantes de Engenharia escutam ensinamentos para aplicá-los às técnicas de construções...

Estudantes de Direito estudam sobre as leis...

Estudantes de Medicina ouvem lições para curar e auxiliar os doentes...

Estudantes de Informática estudam lições sobre o mundo digital...

Mas sabe o que todos os estudantes do mundo têm em comum?

A busca pelo aprendizado!

Aprender sobre qualquer assunto, aprender sobre qualquer área, enobrece!

Qualquer aprendizado é aquisição imperecível que o ladrão não rouba, a traça não corrói, a ferrugem não destrói.

Mas, se o conhecimento ficar parado e inerte na alma de quem aprende, torna-se semelhante a pão escondido numa casa onde todos choram de fome.

Toda lição recebida precisa ser colocada em prática, com dedicação, esforço, suor e disciplina para que se transforme em valiosa oportunidade de profundo ensinamento.

E você?

Tem colocado as lições que aprendeu em benefício daqueles que o Criador colocou em sua vida?

O Conhecimento e a Sabedoria, quando divididos, são multiplicados na eterna e incessante matemática da vida!

E a dica da ANJA DOURADA deste texto é: conserve acesa a luz dos seus conhecimentos e siga adiante, clareando o caminho daqueles que o acompanham e também servindo-se da luz daqueles que estão a sua frente, na grande e incessante marcha da vida!

JAPÃO

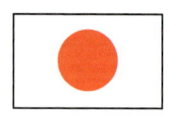

KYOTO

CURIOSIDADES SOBRE KYOTO

- Fundada no século I, KYOTO foi a capital do Japão Imperial por séculos, sendo substituída por Tokyo apenas em 1868.
- É uma das cidades mais bem preservadas de todo o Japão, porque, durante a Segunda Guerra Mundial, quando os bombardeios varriam o país, KYOTO e seus 1.600 templos budistas, 400 santuários xintoístas, palácios, jardins e edifícios foram poupados.
- Os santuários, florestas, gueixas, jardins *zens* e castelos medievais imprimem na cidade uma aura cinematográfica e explicam por que o local é conhecido como o "coração do Japão".
- Por merecimento, KYOTO está incluída na lista do Patrimônio Mundial da Humanidade pela UNESCO.

SER HUMILDE

Chegar ao JAPÃO é ser surpreendido com a maneira habitual dos japoneses se cumprimentarem.

Eles se curvam, literalmente, até a altura da cintura, demonstrando, com esse gesto, extremo respeito, reverência e humildade em relação ao ser humano à sua frente.

Sabedoria, Disciplina, Respeito e Humildade são virtudes marcantes do milenar povo japonês.

Vamos pensar juntos sobre o que é *ser humilde*?

Muito diferente do sentimento de inferioridade, rebaixamento, submissão, pobreza ou penúria, a humildade é a capacidade de reconhecer os próprios erros, defeitos e limitações.

Ser humilde é saber que não se sabe tudo. *Ser humilde* é saber que não somos as únicas pessoas que sabemos sobre alguma coisa.

Ser humilde é entender que, juntos, saberemos muito mais. *Ser humilde* representa a conquista de um estado espiritual que não cede espaço para manifestações de egoísmo e soberba. *Ser humilde* é buscar um estado de espírito sem vaidade, é ser capaz de olhar para todas as pessoas como irmãos, como seres humanos que se igualam na dor e no amor.

A pessoa verdadeiramente humilde não se considera superior nem inferior a ninguém, pois vê em todos os seres humanos um universo de inteligência e beleza, por isso, não discrimina nem maltrata ninguém.

O homem humilde é sábio e não se orgulha dos seus bens materiais, das suas riquezas, do seu patrimônio intelectual ou da sua aparência física, e age assim porque sabe que tudo é transitório na vida terrena.

Para quem é belo e forte, vale lembrar que o corpo envelhece.

Para quem tem saúde, é sábio recordar que as doenças podem chegar a qualquer momento.

Os que se orgulham da riqueza e de uma boa posição social devem recordar que todos os impérios sobre a Terra não existem mais.

E a dica da ANJA DOURADA deste texto é: a humildade é a chave da nossa real liberdade e da nossa verdadeira grandeza!

ESTADOS UNIDOS DA AMÉRICA

MUSEU RIPLEY'S BELIEVE IT OR NOT

CURIOSIDADES SOBRE O MUSEU RIPLEY'S BELIEVE IT OR NOT

- Robert Leroy Ripley foi um antropólogo apaixonado por objetos incomuns e acontecimentos estranhos e inexplicáveis, sendo considerado uma pessoa excêntrica, com uma maneira estranha de se vestir e de se comportar. Dedicou sua vida a viajar e reunir objetos incríveis dos lugares mais exóticos.
- Assim nasceu o Museu RIPLEY... Acredite ou não, trata-se de um museu para todas as idades, onde são apresentados as maiores curiosidades, estranhices e os mistérios mais inacreditáveis do mundo.
- Em New York localiza-se o maior RIPLEY da América do Norte. Atualmente existem 30 filiais do museu localizadas em diferentes cidades do mundo.
- Um dos homens mais altos do mundo, senão o maior já documentado, é Robert Wadlon, nascido em 22 de fevereiro 1918, conhecido como o "Gigante de Illinois", participa do acervo do museu.

A MAGNÍFICA CONSTRUÇÃO DO BEM

Sabe aquelas pessoas que fazem "bico" ou "cara feia" para tudo? Ou quase tudo?

Geralmente são cheias de melindres, chatas e mal-humoradas.

E sabe o pior?

Cometem erros e são incapazes de, sequer, reconhecer e pedir desculpas.

Com certeza, conhecemos pessoas assim.

Não gostam de trabalhar, não gostam de estudar, não levam as pessoas a sério, brincam com o sentimento dos outros e ainda acham que, um dia, tudo irá se resolver sozinho.

Um dia... Eu vou ter o trabalho dos meus sonhos,

Um dia... Eu vou ganhar muito dinheiro,

Um dia... Eu vou encontrar o amor da minha vida,

Um dia... Eu vou morar numa casa linda...

A pessoa vive sempre uma ilusão.

Sabe por quê?

Porque nada acontece sem esforço pessoal.

Absolutamente nada!

É preciso trabalhar, estudar, planejar, pensar nas suas ações e executar com disciplina.

No Universo tudo é disciplina, na natureza tudo é disciplina.

Como seres dotados de livre-arbítrio, podemos viver muito tempo driblando as regras.

Se a estrada da disciplina é uma reta, podemos fazer curvas e desvios, podemos inventar atalhos e resolver estacionar.

Mas andar fora da estrada reta tem um preço... E esse preço é a dor.

Sempre que nos desviamos do caminho reto das leis físicas e/ou espirituais, que disciplinam nossa vida, somos surpreendidos pela dor.

A felicidade é esforço diário, é construção individual, com disciplina de ações e sentimentos, transformando os problemas em aprendizado e o aprendizado em sabedoria!

E a dica da ANJA DOURADA deste texto é: Trabalhe, Perdoe e Ame. Não passe pelo mundo sem acrescentar seu tijolo à magnífica construção do bem, com disciplina!

FRANÇA
MUSEU GRÉVIN

CURIOSIDADES SOBRE O MUSEU GRÉVIN

- Fundado em 1882, por Arthur Meyer, Alfred Grévin e Gabriel Thomas, o MUSEU GRÉVIN (em francês: *Musée Grévin*) é um dos museus de cera mais antigos da Europa.
- Seu acervo é composto por mais de 500 personagens que marcaram a história mundial, como atletas, cantores, atores, políticos, estilistas, reis e rainhas.
- Através do passeio pelas diferentes salas, os visitantes podem reviver alguns dos acontecimentos mais importantes dos séculos.
- O percurso começa pela majestosa escadaria em mármore, com jogo de luzes coloridas e muitos espelhos, chamado: "Palácio das Miragens". O lugar é mágico e cria a percepção de que você foi transferido, momentaneamente, para as dependências de um palácio, um templo hindu ou até para a imensidão de uma selva. Mas é tudo ilusão, ou seria desilusão?

A DESILUSÃO

Você já ouviu falar do "desilusionismo"?

– Aquele amigo em quem você tanto confiava e dividia seu tempo, suas histórias, suas alegrias e tristezas, de repente, você descobre que ele não é nada digno da sua confiança!

– Aquele companheiro de trabalho com o qual você convive a tantos anos, infelizmente, o vê escorregando nas valas da mentira e da calúnia!

– Aquele relacionamento, tão sonhado, que você queria tanto, não era exatamente o que você esperava e constantemente lhe arranca lágrimas quentes e doloridas, como chama ardente a consumir seus mais nobres sentimentos!

Podemos dizer que é amargo o sabor de uma desilusão e traz consigo um punhal invisível que nos dilacera as fibras mais sutis da alma.

Isso acontece porque somente nos desiludimos com as pessoas em quem investimos consideração e nossos mais puros sentimentos de confiança e amor.

Um estranho pode nos matar, mas somente um ser amado tem o poder nos magoar.

São tantas as dores, tristezas e desafios da caminhada, não é mesmo?

E como é que eu me curo?

Conscientizando-me de que, cada vez que eu tenho uma desilusão, preciso ficar bem alegre, porque estou mais próximo da verdade!

A desilusão nos ensina a perceber melhor e ampliar nossa visão e nossa atenção a respeito das pessoas e situações que nos cercam!

Ao aceitarmos que tudo muda, que nada é para sempre, ficamos livres para deixar a situação da ilusão ir embora e abraçar o novo que está por vir.

E a dica da ANJA DOURADA deste texto é: pratique o DESILUSIONISMO e cure-se com a visita da verdade!

BRASIL

RIO DE JANEIRO

CURIOSIDADES SOBRE O RIO DE JANEIRO

- Em janeiro de 1502, o navegador português Gaspar de Lemos chegou à Baía de Guanabara, às margens da qual a cidade do RIO DE JANEIRO seria oficialmente fundada, anos mais tarde, em 1565.
- O que não falta à cidade são belezas naturais dignas de cartão-postal, mas sua atração mais famosa foi construída pelos homens: a estátua do Cristo Redentor.
- De acordo com o *Guinness Book*, o Livro dos Recordes, o Carnaval do Rio de Janeiro é a maior "Festa de Carnaval do Mundo". Estima-se que, todo ano, mais de 8 milhões de turistas chegam à cidade.
- A palavra "carioca", que designa os moradores da cidade do RIO DE JANEIRO, tem sua origem na língua tupi-guarani, usada pelos indígenas que habitavam essa terra abençoada, antes da chegada dos europeus. "KARI OKA" significa para os índios: casa do homem branco.

O HUMOR DE DEUS

O RIO DE JANEIRO é realmente uma cidade abençoada por DEUS e bonita por natureza.

Sua beleza encanta todos que a conhecem. São praias, montanhas, natureza, futebol, samba, carnaval e... uma infinidade de cores.

Costumo dizer que, se DEUS fosse mal-humorado e triste, ELE teria feito o mundo em preto e branco, mas ELE fez o Universo com um humor contagiante e tanto amor, que a natureza é assim: *MULTICOLORIDA*, justamente para nos trazer mais alegria de viver.

Você já notou que quando uma pessoa está triste, deprimida, ela tem tendência a usar o preto?

O preto não é uma cor, o preto é a ausência total de cor por causa da ausência de luz.

Conclui-se então que, se não existe luz, não existe cor. Por isso a noite é escura... Sem cor.

Mas, quando o Sol se manifesta no céu, ilumina tudo, revelando as cores que estão presentes em nossa vida.

Dessa forma, quando você está feliz, a tendência é que você use roupas coloridas e tenha preferência por estar em ambientes também com muitas cores.

É preciso que exista luz para as cores serem reveladas.

E assim como a luz revela as cores, nossa luz interior começa a se revelar à medida que procuramos desenvolver nossos talentos e habilidades.

Somos estrelas que cintilam... *MULTICOLORIDAS*.

Juntos, compomos o corpo de luz deste planeta.

Vamos ouvir nossas vibrações pessoais.

Cada um... Ouça o seu som... Perceba a sua luz... Perceba a verdade que habita o seu coração.

E a dica da ANJA DOURADA deste texto é: mostre ao mundo a sua luz, faça vibrar o seu som, revele a sua cor. Deixe-se levar pelo seu coração... Ele sabe o caminho!

BRASIL

FUTEBOL

CURIOSIDADES SOBRE O FUTEBOL

- Quem trouxe o futebol para o Brasil foi um brasileiro, filho de ingleses, chamado Charles Miller. Ele trouxe duas bolas e um manual com as regras do jogo de uma viagem à Inglaterra.
- O Brasil é o país do futebol, certo? Errado. O verdadeiro país do futebol é a Inglaterra, um país com 40 mil clubes. O número de clubes no Brasil é de apenas 13.500.
- Pelé foi o jogador mais jovem a vencer uma Copa do Mundo. Tinha apenas 17 anos quando o Brasil conquistou o título em 1958.
- Neymar hoje é um dos mais celebrados e requisitados jogadores de futebol do mundo. Após fazer carreira em diversos clubes de destaque e fazer fortuna com salário alto e cachês milionários em publicidade, é atualmente contratado do Paris Saint-Germain. (2019)

O JOGO DA VIDA

Tempos atrás...

Você vivia lá no mundo espiritual...

E era, mais ou menos, como um atleta sentado no banco de reservas querendo participar da partida.

Você olhou para o planeta Terra e viu que o jogo estava difícil, o resultado era negativo e seu time estava perdendo de goleada.

Então, criou coragem e pediu ao Grande Técnico uma oportunidade para vir à Terra ajudar seu time.

Agora você está em campo, disputando a partida da sua vida!

E durante essa abençoada partida, às vezes, você vai cair, se machucar, levantar, tornar a cair, se sujar, perder jogadas, aproveitar lances, bater pênaltis, fazer faltas, levar cartão amarelo, vermelho, ficar um tempo no banco de reservas, ser titular novamente, escorregar, marcar gols, levar gols...

Mas o Grande Técnico continuará dando as instruções necessárias... e dentro de algum tempo, quando o jogo terminar e você voltar para o vestiário e encontrar o Grande Técnico...

Você se sentirá com vergonha por não ter dado o seu melhor em campo, ou se sentirá orgulhoso de si mesmo sabendo que, embora em alguns momentos a partida tenha sido difícil e desfavorável, você se levantou, lutou e deu o melhor de si?

E a dica da ANJA DOURADA deste texto é: você está aqui, lendo este livro, o que quer dizer que você já entrou em campo. Então, verdadeiramente, com garra, com amor, com paixão, com entusiasmo, dê o melhor de si no jogo da vida e volte para o vestiário cheio de histórias para contar!

FRANÇA
BASÍLICA DO SAGRADO CORAÇÃO

CURIOSIDADES SOBRE A BASÍLICA DO SAGRADO CORAÇÃO

- É um dos lugares sagrados mais importantes de Paris. Está localizada no alto de *Montmartre*, uma colina de 130 metros de altura, de onde se pode contemplar uma vista magnífica da cidade.
- Obra de Paul Abadie, sua construção começou em 1875 e foi concluída em 1914. As dimensões da basílica falam por si: 83 metros de comprimento, 35 metros de largura e uma torre de 83 metros de altura.
- Foi construída em mármore travertino, extraído da região de Seine-et-Marne (norte da França), o que lhe proporciona uma tonalidade branca.
- É um dos monumentos mais visitados da França e do mundo. A Basílica tem o formato de cruz grega adornada por quatro cúpulas, incluindo a cúpula central, de 80 metros de altura.

EM BUSCA DA PAZ

Para todos os males só existe um medicamento de eficiência comprovada: orar e continuar buscando a paz, compreendendo, ajudando e aguardando o concurso sábio do tempo.

A oração é uma conversa sincera com DEUS e ELE, em seu infinito amor e misericórdia, nos concederá coragem, paciência, compreensão e resignação como meios de nos livrarmos das dificuldades.

Saibamos, porém, que na vida encontraremos todos os tipos de pessoas:

Pessoas feridas que ferem pessoas.
Pessoas tristes que entristecem pessoas.
Pessoas curadas que curam pessoas.
Pessoas alegres que alegram pessoas.
Pessoas transformadas que transformam pessoas.
Pessoas deprimidas que deprimem pessoas.
Pessoas doentes que adoecem pessoas.
Pessoas suaves que suavizam pessoas.
Pessoas chatas que chateiam pessoas.
Pessoas amarguradas que amarguram pessoas.
Pessoas desequilibradas que desequilibram pessoas.
Pessoas santificadas que santificam pessoas.
Pessoas amadas que amam pessoas.

Procuremos sempre descortinar os véus das próprias imperfeições.

Precisamos transformar as preces em ação, trabalho e realização em favor da vida e do próximo.

Fazendo nossa parte, tudo virá a seu tempo.

O que for bênção para a sua vida, DEUS lhe entregará, e o que não for, ELE o livrará!

As portas que não se abriram não são as portas certas.

E a dica da ANJA DOURADA deste texto é: um dia bonito nem sempre é um dia de sol, mas com certeza é um dia de paz!

ITÁLIA

VENEZA

CURIOSIDADES SOBRE VENEZA

- VENEZA é formada por 118 ilhas, recortadas por cerca de 170 canais, com aproximadamente 410 pontes. A cidade recebe mais de 15 milhões de turistas por ano.
- Nos canais de VENEZA, além das famosas gôndolas, transitam barcos particulares de todos os tamanhos. Existem também os barcos-ônibus e táxi aquáticos.
- O transporte dentro da cidade é exatamente como antigamente: a pé ou pelas águas. VENEZA é praticamente uma cidade sem carros.
- Existem cerca de 425 gôndolas na cidade e os gondoleiros passam por uma espécie de seleção rigorosa que avalia aspectos técnicos de como guiar uma gôndola, conhecimentos linguísticos e históricos da região.

CONVITE A UM MERGULHO

Veneza é uma das cidades mais românticas, fascinantes e misteriosas do mundo.

Uma cidade construída sobre ás aguas, realmente tem características únicas e especiais.

É aqui, às margens das águas de Veneza, que eu te convido a um mergulho nas profundezas do nosso ser imortal.

Quando aprendemos a fazer esse mergulho, abandonamos o "crítico interno" que existe em nós e passamos a aceitar a criatura imperfeita que ainda somos... escutando nossa alma e conectados à sabedoria interior, nos desligamos de padrões, normas, comportamentos, ambientes, filosofias e até pessoas contrárias à nossa felicidade e inadequadas ao nosso caminho particular de aprimoramento.

Tudo é permitido, mas nem tudo nos edifica!

Saber o que nos é permitido, o que nos edifica, o que nos é útil, exige amadurecimento e dilatado discernimento aliado ao tempo.

Quando sabemos, com clareza, o que nos convém, agimos e escolhemos com responsabilidade na condição de autores do nosso destino e da nossa própria felicidade.

Chegou a hora!

O momento é de mudança do homem velho para o homem novo, consciente de suas escolhas, mais desperto para sair dos pântanos da ignorância e chegar às planícies mais floridas da sabedoria.

E a dica da ANJA DOURADA deste texto é: anseie pela grandeza das estrelas, mas também se ame na condição de humilde vagalume, que se esforça para ser um ponto de luz na escuridão da noite!

JAPÃO

TAKAMATSU

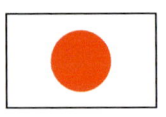

CURIOSIDADES SOBRE O JAPÃO

- O arquipélago japonês que forma o JAPÃO é composto por muitas centenas de ilhas, sendo as quatro principais: Honshu, Shikoku, Kyushu e Hokkaido, o restante do arquipélago é formado por mais de 6.800 pequenas ilhas.
- É um país formado predominantemente por montanhas – sim, 70% do país são montanhas, incluindo 110 vulcões.
- O Monte Fuji é um dos símbolos nacionais do JAPÃO e sua montanha mais alta, com aproximadamente 3.776 metros de altitude.
- A humildade (em japonês KENKYO) é considerada umas das maiores, mais valiosas e importantes virtudes no JAPÃO. Ao povo japonês ofereço minhas preces, minha ternura e meu amor!

BASE SÓLIDA

A grandeza não está em ser forte, mas no uso correto da força. Grande é aquele cuja força conquista mais corações pela atração do próprio coração que se mantém humilde em todas as situações.

A humildade é a única base sólida de todas as virtudes.

É o passaporte verdadeiro que nos levará a atingir planos mais elevados da consciência.

O homem humilde é o mesmo em todas as situações...

Se está numa situação momentaneamente desfavorável, conserva-se tranquilo, pois conhece suas potencialidades.

Se vive em condições confortáveis, busca vivenciar a solidariedade, a alegria, a tolerância, a caridade... E assim constrói um futuro de realizações e felicidade.

A conquista da humildade é um processo diário e faz parte de um crescimento interior.

Humildade vem da alma, vem de gestos simples, vem do olhar, vem das palavras e atitudes verdadeiras, vem de um coração puro.

Humildade vem de gente que sabe lidar com gente, que se reconhece na necessidade de cada um, que sabe se colocar no lugar do outro.

Ser humilde é oferecer o melhor de si a todos, sem distinção, sabendo que todas as pessoas são únicas e, por isso, profundamente interessantes e dignas de respeito.

Somos todos seres divinos em processo de construção.

E a dica da ANJA DOURADA deste texto é: JESUS é a demonstração viva da humildade... E começa essa demonstração nascendo em uma simples manjedoura, para realmente nos mostrar que não importa de onde você veio... E sim o que você faz da sua vida!

BRASIL

DANIEL BERTORELLI

CURIOSIDADES SOBRE DANIEL BERTORELLI

- *DANIEL BERTORELLI* nasceu no Rio de Janeiro, em 12 de novembro de 1975. Iniciou sua vida esportiva aos 4 anos de idade como nadador, competindo, por mais de 20 anos, em campeonatos nacionais e internacionais.
- Inspirado por heróis mitológicos e do cinema, como Hércules, começou a praticar fisiculturismo, decidindo se tornar ator e escritor desde muito jovem. Aos 14 anos já escrevia seus primeiros roteiros.
- É também Apresentador e Locutor Esportivo, experiente em diferentes modalidades e eventos nacionais e internacionais, como Copas do Mundo, Jogos Pan-Americanos e Jogos Olímpicos.
- Tem como marca registrada em seus trabalhos transportar a emoção do entretenimento para o esporte, bem como a ação e a aventura dos esportes para seus roteiros de cinema e TV.

PERDÃO

Pense comigo nas decisões mais simples do dia a dia...

Você acorda e decide qual roupa vai usar, qual será a refeição do café da manhã, escolhe qual o caminho irá fazer para o trabalho, quais assuntos serão prioridades naquele dia...

E assim o dia passa, cheio de grandes e pequenas decisões.

Mas existem decisões um pouco mais, digamos, complicadas e complexas, e uma das maiores é a decisão pelo *perdão*.

Perdão não é um sentimento, como muitas pessoas normalmente consideram, *perdão* é um exercício e uma decisão.

Como exercício, é preciso desenvolver a musculatura da alma, assim como desenvolvemos a musculatura do corpo.

Não acredite que se você começar a correr hoje, você conseguirá participar de uma maratona olímpica, é preciso começar aos poucos para não sofrer uma lesão.

Então, dentro dessa analogia, podemos concluir que é preciso começar com pequenos perdões para, aos poucos, com a musculatura preparada, realizar os grandes perdões.

Como decisão, é preciso ter atitude e não mais permitir que o ódio comande nossos pensamentos e sentimentos

Decidir-se pelo *perdão* é abandonar o sofrimento, compreendendo que a ação equivocada foi feita por outra pessoa, não por você.

Decidir-se pelo *perdão* é esquecer o amargo da vingança e escolher o doce do amor.

Decidir-se pelo *perdão* é começar um processo longo, mas contínuo, em um caminho iluminado e seguro, onde sempre estaremos amparados, recebendo ajuda dos amores da Terra, dos amados do mundo espiritual e do Criador da vida!

E a dica da ANJA DOURADA deste texto é: precisamos perdoar porque também precisamos de *perdão*! Pense nisso...

POLINÉSIA FRANCESA

TAHITI

CURIOSIDADES SOBRE O TAHITI

- Sinônimo de paraíso, o TAHITI é a maior ilha da Polinésia Francesa, e sua capital é a vibrante e florida Papeete.
- Em 1880 foi proclamada colônia francesa, por isso o idioma oficial é o francês, apesar de o taitiano ser amplamente falado também.
- Turismo é a grande indústria do TAHITI, especialmente durante o festival de Heiva, que acontece na capital. Este festival celebra a cultura indígena e a comemoração da Bastille na França. Ambos ocorrem em julho.
- A "Gardenia Tahitensis" é uma flor branca e considerada o símbolo do TAHITI. Possui um perfume forte, doce e original. Essas flores brancas, como a neve, se destacam e impressionam em meio às folhas escuras e brilhantes de seu arbusto.

IMPRESSIONE

Às vezes, para viver no "paraíso" é preciso mudar só um pouquinho. E esse pouquinho vai fazer a maior diferença.

Vou lhe dar o exemplo de uma estação de rádio: sabe quando você quer escutar uma música e está aquele "chiado" chato, que incomoda? Aí, você mexe um pouquinho e pronto, ajusta e começa a escutar a música que você quer, de forma suave e tranquila.

Assim é a vida... Para vivermos melhor, são necessários só alguns ajustes nos pensamentos e atitudes.

Então, não se preocupe: se "ocupe". Ocupe seu tempo, ocupe sua mente, ocupe suas mãos.

Não se desespere: "espere". Espere a poeira baixar, espere o tempo passar, espere a raiva desmanchar.

Não se canse tanto, "descanse". Descanse sua mente, descanse suas pernas, descanse de tudo.

Não despreze: "preze". Preze por qualidade, preze por valores, preze por virtudes.

Não desconfie: "confie". Confie na sabedoria da vida, confie em você.

Não pressione: "impressione". Impressione pela humilde, impressione pela simplicidade, impressione pela elegância.

Não maltrate: "trate bem". Trate bem as pessoas, trate bem os animais, trate bem o planeta.

Não se sobrecarregue: "recarregue". Recarregue sua energia, recarregue sua coragem, recarregue sua esperança.

Não atrapalhe: "trabalhe". Trabalhe sua humanidade, suas qualidades, suas virtudes, seus projetos.

Não conspire: "inspire". Inspire pessoas, inspire talentos, inspire saúde.

Não se indisponha: "disponha". Disponha boas palavras, disponha boas relações.

Não crie discórdia, crie "concórdia": concórdia entre nações, concórdia entre pessoas.

E a dica da ANJA DOURADA deste texto é: não se apavore. "Ore"... Ore a JESUS, Ore ao seu Anjo Guardião... Somente assim viveremos dias melhores, mais tranquilos e muito mais felizes!

FRANÇA

JUAN-LES-PINS

CURIOSIDADES SOBRE ANTIBES JUAN-LES-PINS

- Com sua perfeita localização, no coração da Riviera Francesa, entre Nice e Cannes, JUAN-LES-PINS é uma cidade da comuna de Antibes, no departamento dos Alpes Marítimos, sudeste da França, na Costa Azul (francês: *Côte D'zur*)
- A cidade da *"Joie de Vivre"* (Alegria de Viver), tão querida por Picasso, tornou-se um dos destinos mais populares da Riviera Francesa e do *Jet-Set* internacional.
- No início dos anos 1940, Picasso aceitou a proposta de criar seu estúdio em um dos aposentos do castelo Grimaldi, construído no local mais alto da cidade. Picasso, então, pintou por seis meses, deixando quase todas as suas obras por lá. Assim, nasceu o primeiro museu dedicado ao artista, em vida.
- Ao longo do ano, a cidade recebe um verdadeiro espetáculo de eventos, incluindo o famoso Festival Internacional de Jazz: "*Jazz à Juan*". O evento é uma grande atração para os "*jazzmen*" do mundo inteiro e seu apaixonado público.

DIFÍCIL? MUITO DIFÍCIL?

Silencie sua mente, ouça seu coração, preste atenção nas mensagens de conforto e desconforto emitidas pelo seu corpo.

Antes de tomar qualquer decisão... Pare e faça a seguinte pergunta para você mesmo:

– Essa decisão é boa para mim e para todas as pessoas envolvidas? Preste atenção na resposta.

Se for uma decisão boa só para você... Não está certo!

Se for uma decisão boa só para as outras pessoas... Também não está certo!

Tem que ser bom, tem que ser saudável para ambas as partes.

E se a situação estiver muito difícil, coloque um pouco mais de AMOR e você verá que tudo fica muito mais fácil.

Com novas atitudes, perceberemos que nossa vida começa a fluir de maneira leve, solta, alegre e sem esforço excessivo. Afinal, quando obedecemos às leis universais, que são as leis do amor... Tudo fica muito mais fácil, leve e pleno de felicidade.

Aprendamos a descobrir pequenas alegrias, valores eternos e virtudes sublimes.

Aprendamos a olhar o mundo com olhos de poetas, e nos encantarmos com os pássaros que cruzam os céus em revoada.

Aprendamos com o perfume das flores, com as cores das borboletas, o sorriso de um estranho, o voo de um avião, o encontro da água com a terra fértil de um pequeno jardim.

Repare o mundo a sua volta, o sol brilha naturalmente, a grama não se esforça para nascer, as águas da cachoeira fluem e quando se deparam com algum obstáculo, o contornam e voltam a fluir.

A ideia é que seja assim com você também!

E a dica da ANJA DOURADA deste texto é: saiba fazer silêncio suficiente para perceber a delicadeza da existência!

PORTUGAL
MUSEU DO COMBATENTE

CURIOSIDADES SOBRE O MUSEU DO COMBATENTE

- O MUSEU DO COMBATENTE é um edifício de arquitetura militar, concebido pelo General Vallerée. Sua construção iniciou-se em 1780, como reforço da defesa do Porto de Lisboa.
- No dia 13 de janeiro de 1999, foi oficialmente entregue à Liga dos Combatentes e, em 2003, aberto ao público.
- Atualmente, tem como principal objetivo disponibilizar um leque de mostras permanentes dos feitos militares, acompanhado de exposições temporárias de artes plásticas, fotografia e escultura.
- A integração do Museu do Combatente no Forte do Bom Sucesso constitui uma homenagem aos Combatentes que serviram Portugal no campo militar.

A PROFISSÃO MAIS NOBRE

Qual será a profissão mais nobre?

Será mais importante o militar que defende vidas, o médico que salva vidas ou o piloto que transporta vidas?

Quem terá maiores méritos?

O professor primário que ensina à criança as primeiras letras ou o professor universitário que prepara os jovens para o mercado de trabalho?

Será mais nobre o escritor que escreve livros e renova os pensamentos do mundo ou o marceneiro que trabalha a madeira transformando-a em portas, janelas, camas, cadeiras e mesas para o conforto do nosso lar?

Será mais digno o pedreiro que ergue, tijolo a tijolo, casas e edifícios para a moradia que nos protege do sol, da chuva, da noite fria e das tempestades?

Ou a profissão mais honrada será a do fazendeiro que cuida da semeadura, da plantação e da colheita, para nos fornecer uma mesa farta de comida?

Ou será que os maiores méritos devem ser concedidos à faxineira, que, com suas mãos generosas e sua vassoura eficiente, limpa o quartel do militar, o consultório do médico, o avião do piloto, a sala de aula dos alunos e professores, a mesa do escritor, a oficina do marceneiro, a construção do pedreiro e a casa do fazendeiro?

E a dica da ANJA DOURADA deste texto é: não existe profissão mais nobre que a outra. Cada profissão e cada trabalhador, na correta execução do seu dever, pode se considerar nobre e honrado, contribuindo de maneira única e ativa para a obra da Divindade!

ESTADOS UNIDOS DA AMÉRICA

LOS ANGELES

CURIOSIDADES SOBRE LOS ANGELES

- Conhecida por suas iniciais *L.A*; LOS ANGELES foi fundada em 4 de setembro de 1871. É a segunda maior cidade dos Estados Unidos e composta por distritos como: *Long Beach, Santa Mônica, San Gabriel, Beverly Hills e Malibu.*
- Apelidada de "Cidade dos Anjos", LOS ANGELES é hoje um centro mundial de negócios, comércio internacional, entretenimento, cultura, mídia, moda, ciência, tecnologia e educação.
- O *Hollywood sign*, famoso letreiro estampado nas montanhas, foi construído em 1923 e era uma placa com propaganda de uma imobiliária que vendia terrenos na região. Mas foi ficando, ficando e ganhando outros significados. Hoje, representa a indústria cinematográfica de Hollywood.
- Os estúdios Warner, Paramount, Universal e Sony, localizados na cidade, abrem suas portas para mostrar ainda mais o fantástico mundo do cinema e oferecem visitas guiadas.

A ESTRADA

Imagine uma grande tela de cinema à sua frente...

Você está em uma grande estrada, dessas cheias de árvores nas laterais, pista dupla, asfalto impecável... Você está confortável em seu carro, num dia de sol, em uma velocidade tranquila, permitida pela lei.

E seu moderno GPS indica o caminho correto, que você precisa seguir para chegar mais rápido e em segurança ao seu destino... Mas, de repente, você resolve sair da estrada e pegar um atalho, desobedecendo completamente seu moderno dispositivo.

Nesse momento lhe pergunto:

– O que acontece com a estrada? Sim, o que acontece com aquela grande estrada, cheia de árvores, pista dupla, asfalto impecável... O que acontece com a estrada?

Eu lhe respondo:

– Nada... absolutamente nada!

E assim é nossa vida: as Leis de DEUS são a estrada e os pecados e rebeldias por nós cometidos são os atalhos.

Não é porque resolvemos em algum momento da nossa existência sair da estrada, desobedecendo nosso moderno GPS interno, que a estrada muda.

Não, a estrada permanece inalterada, aguardando pacientemente nosso retorno, porque os atalhos são apenas pecados ou rebeldias cometidos por nós... E uma hora eles terminam e precisamos retornar à estrada principal, obedecendo o GPS, que não se cansa de nos enviar os comandos.

E sabe o que é mais interessante?

Nosso GPS interno veio com instalação de fábrica e não pode ser desligado!

E a dica da ANJA DOURADA deste texto é: vamos aprender a ouvir melhor nosso GPS. É ele quem nos informa, se fizemos algo certo ou algo errado. Não existe dúvida, é só fechar os olhos, acalmar-se e consultá-lo. Se você preferir, pode chamá-lo de consciência!

BRASIL
MAR DE ESPANHA

CURIOSIDADES SOBRE MAR DE ESPANHA

- Conta-se que alguns espanhóis que participavam do desbravamento do Vale do Paraíba chegaram, certo dia, em determinado ponto de impressionante beleza paisagística em que um rio se alargava num remanso. Levado pela nostalgia de sua terra natal, um desses espanhóis exclamou, com grande admiração: "parece um mar... Um mar de Espanha"!
- Assim teria nascido o nome do município, um pouco exótico em relação a sua posição geográfica, situado entre as montanhas de Minas Gerais.
- Possui um rico acervo cultural representado por fazendas, casarões, capelas, santuários e igrejas. O município conta, ainda, com um sítio arqueológico, na localidade de Córrego de Areia, onde pinturas rupestres de aproximadamente 10 mil anos foram encontradas.
- Outro grande potencial turístico de MAR DE ESPANHA são os recursos naturais. A Estação Ecológica, próximo ao centro da cidade, preserva uma área de aproximadamente 188 hectares de vegetação remanescente da Mata Atlântica. As cachoeiras são uma atração à parte: lindas, exuberantes e limpas. Destaque para as cachoeiras da "Bocaina" e "Pedro Duim". É conhecer e se apaixonar!

A SEMENTE E A ÁRVORE

A vegetação exuberante é sempre um convite à contemplação e reflexão!

Você já parou para observar uma árvore?

Observar com real atenção?

Suas raízes, seu tronco, suas folhas, flores e frutos?

Quanta história para contar, não é mesmo?

Pensar que uma árvore já foi uma pequenina semente, que um dia veio ao solo, germinou, cresceu e hoje enche nosso olhar de admiração.

Uma árvore não é obra do acaso... Uma árvore é obra de dezenas ou centenas de anos.

Simples, precisa apenas de sol, água, ar e terra para seu alimento.

Nada exige.

Cresce, floresce e frutifica a seu tempo.

E assim é o processo de evolução, é preciso ser semente antes de ser árvore.

A natureza não dá saltos.

Passo a passo, busque sua melhoria.

Dia após dia, aprenda a observar suas imperfeições.

O desgosto consigo mesmo deve ser apenas estímulo para uma autoavaliação e correção.

É importante entender a lição do AUTOAMOR e do AUTOPERDÃO!

Acredite na força imbatível do seu coração e receba, com amorosa aceitação, as faltas que ainda não consegue vencer, mas lute para um dia vencê-las.

E a dica da ANJA DOURADA deste texto é: as sementes da compaixão, caridade, generosidade, amizade, honestidade, bondade, e tantas outras virtudes já foram colocadas no seu coração pelo nosso Criador em forma de semente... Basta a nós o trabalho diário de regar, adubar e cuidar para vê-las crescer, florescer e se transformar, dentro do nosso ser imortal, em lindas árvores!

ESTADOS UNIDOS DA AMÉRICA

ESCULTURA LOVE

CURIOSIDADES SOBRE A ESCULTURA LOVE

- A ESCULTURA LOVE foi idealizada em 1964, pelo artista Robert Indiana, originalmente apenas como um selo para servir de cartão de natal para o Museum of Modern Art (MOMA), em New York. A escultura foi criada alguns anos depois, em 1970.
- Recriada inúmeras vezes, ganhou cores e formas que estão expostas pelo mundo, inclusive com inúmeras versões traduzidas em outros idiomas.
- Por ter sido criada na época em que os Estados Unidos estavam consumidos pela Guerra do Vietnã, a escultura tornou-se um símbolo de paz entre os americanos.
- A escultura está exposta na 6ª Avenida (6th Avenue) e propõe amor em vermelho, entre os enormes arranha-céus de New York, e é destino certo de turistas do mundo inteiro.

TUDO É AMOR

Você já parou para pensar que tudo é AMOR???
VIDA é o Amor que pulsa em abundância...
CIÊNCIA é o Amor que investiga com profundidade...
FILOSOFIA é o Amor que pensa com sabedoria...
ESTUDO é o Amor que procura com curiosidade...
RELIGIÃO é o Amor que busca a DEUS com devoção...
VERDADE é o Amor que se eterniza com sinceridade...
FÉ é o Amor que transcende com sublimidade...
ESPERANÇA é o Amor que espera em ação...
SACRIFÍCIO é o Amor que se esforça com luta...
RENÚNCIA é o Amor que se depura com decisão...
SIMPATIA é o Amor que sorri com os olhos...
TRABALHO é o Amor que constrói com disciplina...
CARIDADE é o Amor que auxilia com as mãos...
FRATERNIDADE é o Amor que se expande ao próximo...
INDIFERENÇA é o Amor que se esconde na apatia...
DESESPERO é o Amor que se desgoverna com sofrimento...
ORGULHO é o Amor que enlouquece com arrogância...
CIÚME é o Amor que fica cego com insegurança...
TRISTEZA é o Amor que se perde do propósito...
FELICIDADE é o Amor que transcende a alegria...
SAUDADE é o Amor que fica no coração...
E a dica da ANJA DOURADA deste texto é: saiba que até mesmo o ÓDIO é AMOR... AMOR que adoeceu gravemente.
Mas TUDO, absolutamente TUDO, é AMOR!

FRANÇA

PRAÇA SAINT MICHEL

CURIOSIDADES SOBRE A PRAÇA SAINT-MICHEL

- A PRAÇA SAINT MICHEL (em francês: *Place Saint-Michel*), com sua monumental Fonte, é um dos pontos de encontro mais conhecidos dos parisienses. Ela tem vista para as margens do Rio Sena e também oferece uma bela perspectiva da Catedral de Notre Dame.
- O arquiteto encarregado de construir a praça, que revitalizou o bairro universitário Saint Michel, foi Gabriel Davioud.
- Napoleão III queria ser homenageado por suas conquistas nas guerras. Dessa forma, o arquiteto fez uma escultura do Arcanjo Miguel, com o intuito de dar a ideia de que "São Miguel derrota Satanás", em uma homenagem metafórica às conquistas do imperador.
- Com inúmeros restaurantes, lanchonetes, bares, livrarias, sorveterias e lojas, o local tem sido cada vez mais um dos preferidos pelos turistas, diante das infinidades de opções que oferece.

PODEMOS APRENDER

Viver é fazer escolhas diante das infinitas opções que a vida nos apresenta, mas é também observar o resultado dessas escolhas.

São resultados bons?

São resultados ruins?

Quanto aprendizado existe no viver...

Podemos aprender que palavras voam feito avião a jato, mas que as atitudes são como árvores, que se fincam no chão, criam raízes e dão frutos saborosos.

Podemos aprender que até o céu tem seu tempo, de azul e de cinza, de nuvem e de sol, de luz e de escuridão, mas que tudo acontece no tempo certo.

Podemos aprender que acordamos todas as manhãs para novos aprendizados, novas batalhas, novos erros, novos acertos e novas vitórias.

Podemos aprender que nada é por acaso, que para tudo e todos existe um plano Divino, com peças que vão se encaixando em seu devido lugar.

Podemos aprender que não existe ingratidão, existe inconsciência das bênçãos que chegam até nós e que somos frutos de um amor sem igual e sem limites.

Um dia amadurecemos e...

Conseguimos perceber que o amor é algo que se encontra muito além de um belo sorriso...

Conseguimos perceber que a maior parte da nossa felicidade é construída por nós mesmos.

Conseguimos perceber que as pessoas mais valiosas da nossa vida são justamente aquelas que sempre estiveram ao nosso lado.

E não é que o tempo seja mestre em nos ensinar o óbvio, nós é que demoramos demais para o óbvio aprendermos!

E a dica da ANJA DOURADA deste texto é: o silêncio também ensina e traz o aprendizado que cada um precisa ouvir.

POLINÉSIA FRANCESA

BORA BORA

CURIOSIDADES SOBRE A POLINÉSIA FRANCESA

- A POLINÉSIA FRANCESA localiza-se no Oceano Pacífico Sul, aproximadamente 6 mil quilômetros a leste da Austrália.
- Possui um território marítimo que se estende por 4 milhões de quilômetros quadrados e 118 ilhas e atóis. É formado por cinco arquipélagos: Sociedade, Marquesas, Austrais, Gambier e Tuamotu.
- O arquipélago mais conhecido é o da Sociedade, onde estão localizadas as ilhas mais famosas: Tahiti, Bora Bora e Moorea.
- O oceano que banha as ilhas reproduz tons de azul, turquesa e verde. A exuberância da natureza é abençoado convite a um inesquecível mergulho.

MERGULHE NAS DÁDIVAS SAGRADAS

Mergulhe na vida...

Mergulhe nas dádivas sagradas que são presentes vivos e tocam nosso dia a dia, sem falhas, sem equívocos, sem interrupções.

Nas horas de desânimo, quando pensamentos negativos o perturbarem, querendo te desequilibrar, combata tudo isso rogando o socorro espiritual.

Por alguns instantes, mentalize uma cúpula de luz a envolvê-lo, com cores suaves. Se possível, saia de onde se encontra e faça outra atividade, qualquer coisa simples, mas edificante para sua vida ou para a vida de alguém.

Quando mudamos o quadro físico, abrimos espaço para mudança no quadro mental, permitindo que forças do bem atuem em nós.

É preciso movimento para dissipar energias nocivas, negativas e desequilibradas.

Quando queremos limpar a sujeira de um ambiente, por exemplo de nossa casa, nos movimentamos e exercemos a limpeza.

Quando queremos tirar o mau cheiro de um ambiente fechado, nos movimentamos para a higienização necessária.

Quando queremos iluminar um local escuro, nos movimentamos para abrir portas e janelas ou simplesmente para acender a luz.

O mesmo acontece quando queremos limpar, higienizar e iluminar a alma.

É preciso movimentar-se em busca da beleza da vida!

E a dica da ANJA DOURADA deste texto é: fraco é quem fraco se imagina. A vida fortalece quem crê e trabalha. Reeduque seus hábitos, pegue no arado e siga em nova semeadura.

JAPÃO

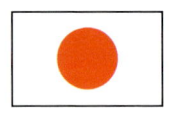

ASAKUSA

CURIOSIDADES SOBRE ASAKUSA

- ASAKUSA é um bairro situado a nordeste do centro de TOKYO, às margens do Rio Sumida, e hospeda um dos distritos de gueixas mais famosos da região.
- Ao longo do século XX, o bairro foi o maior local de entretenimento da cidade. Seus anos dourados foram retratados no romance de Yasunari Kawabata *A Gangue Vermelha de Asakusa*.
- O bairro é famoso por manter tradições do carnaval brasileiro, sendo sede da Associação das Escolas de Samba de Asakusa. Foi citado no desfile de 2008 da GRES Unidos do Porto da Pedra, que homenageava o Centenário da Imigração Japonesa no Brasil.
- Em virtude de sua localização e clima descontraído (para o padrão TOKYO), ASAKUSA é uma escolha frequente para a hospedagem de viajantes com orçamento limitado que chegam à "Terra do Sol Nascente" (nome popular dado ao JAPÃO).

O SOL E O VENTO

Certa vez, o Sol e o Vento começaram a conversar...

Conversa vai, conversa vem, começaram a discutir a respeito de quem seria o mais forte.

Disse o Vento:

– Sr. Sol... Vê aquele homem lá embaixo na estrada? Aposto que posso fazer com que ele tire o casaco que está vestindo mais depressa que você!

O Sol ficou quietinho, não respondeu uma palavra... Escondeu-se atrás de uma nuvem e esperou, observando.

Então o Vento começou a soprar, soprar forte... Mas quanto mais ele soprava, mais o homem segurava o casaco junto a si.

Depois de algum tempo, o Vento desistiu de soprar.

Acalmou-se e decidiu conceder a vez ao Sol, dizendo para ele:

– Sr. Sol, se eu, com toda essa fúria, não consegui fazer o homem tirar o casaco, o que o senhor poderá fazer?

O Sol, então, saiu detrás da nuvem e, devagar, iluminou com bondade o homem que continuava a andar pelo caminho e foi envolvendo-o em uma onda de ternura e calor aconchegante, e o homem logo se sentiu envolvido.

Caminhou um pouco mais, parou, enxugou o suor da testa e em seguida tirou o casaco.

Muito surpreso, o Sr. Vento escutou o Sr. Sol lhe explicar:

– Amigo Vento, mais forte que a fúria e mais vigorosa que a força bruta é o poder da gentileza, da ternura e da bondade!

E a dica da ANJA DOURADA deste texto é: a todos nós cabe unicamente fazer o bem, não para merecermos o céu, mas para tornarmos suportável a vida na Terra.

ESTADOS UNIDOS DA AMÉRICA

BROADWAY

CURIOSIDADES SOBRE A BROADWAY

- BROADWAY é uma avenida que cruza a *Time Square*, célebre ponto de convergência das principais vias de NEW YORK, configurando o importante roteiro cultural, conhecido como circuito Broadway.
- A avenida já existia antes do *Commissioner's Plan* de 1811 – projeto urbanístico empreendido em NEW YORK nesse período e, portanto, não obedece à malha viária ortogonal característica de NEW YORK.
- Depois de uma profunda transformação em seu cenário, com a renovação dos seus mais de 5 mil teatros, dispostos ao longo de 30 quilômetros, a BROADWAY conquistou o *status* que permanece até os nossos dias: o de um dos mais consideráveis núcleos artísticos e econômicos de *Manhattan*.
- Podemos destacar superproduções musicais como: *O Fantasma da Ópera, A Bela e a Fera, Os Miseráveis, Chicago, Aladin, O Rei Leão* e milhares de outras, que muitas vezes ficam em cartaz durante vários anos, tamanho sucesso do espetáculo, sempre sinônimo de diversão e felicidade para seus milhões de espectadores.

A FELICIDADE

No dicionário, a palavra FELICIDADE recebe as seguintes definições: satisfação, bem-estar, autoconhecimento, resultado positivo após alguma tentativa ou esforço, seja ele profissional, acadêmico ou pessoal.

A verdade é que felicidade pode ser muito mais do que isso, e a definição depende de você, é um conceito muito pessoal.

Pare um instante e responda à seguinte pergunta:

– O que me faz feliz?

Pergunte-se com mais energia e consciência agora:

– O que realmente me faz feliz?

Enumere, faça uma lista para você mesmo ler nos momentos em que se sentir triste e desanimado.

Deixe essa lista, facilmente, acessível a você.

Minha lista, por exemplo, fica no bloco de notas do meu celular.

Vou descrever abaixo alguns itens da minha própria lista:

– passar férias com minha família – brincar com meu cachorro

– andar descalço – comer jabuticaba – ir a praia ou cachoeira

– tomar sol – fazer massagem – conversar com um amigo – plantar flores

– acender velas – tomar sorvete – ver um beija-flor – viajar o mundo

– fazer vídeos para o meu canal *ANJA DOURADA* no YouTube

Ser feliz é simples!

Descubra o que o faz feliz.

Questione-se.

Enumere algumas opções que você já conhece.

Descubra outras.

Use sua energia para construir e reconstruir, quantas vezes forem necessárias, sua própria felicidade!

E a dica da ANJA DOURADA deste texto é: nas incertezas do amanhã, escolha ser feliz hoje!

ESTADOS UNIDOS DA AMÉRICA

ASPEN

CURIOSIDADES SOBRE ASPEN

- Desde a inauguração da primeira pista de esqui, na década de 1940, *ASPEN*, no Colorado, centro-oeste dos Estados Unidos, é referência quando se fala em esportes e turismo de inverno.
- As montanhas da cidade, próprias para a prática de esqui e snowboard são quatro: Snowmass, Buttermilk, Highlands e Aspen Mountain (chamada pelos moradores de AJAX).
- Os fãs de atividades ao ar livre podem curtir a cidade também no verão, quando as montanhas se tornam cenário perfeito para caminhadas, ciclismo e passeios a cavalo.
- A excelente infraestrutura hoteleira, gastronômica e de serviços é sinônimo de luxo. Envolta pelo *glamour*, é refúgio de celebridades como: Antônio Banderas, Mariah Carey, Will Smith, Paris Hilton e milionários do mundo inteiro.

O TEMPO DO AMOR

Era uma vez uma linda ilha que vivia seus dias toda coberta de neve. Nela moravam a *Riqueza*, a *Vaidade*, a *Tristeza*, a *Alegria*, a *Sabedoria* e o *Amor*.

Um dia, foi avisado aos seus moradores que saíssem apressados da ilha porque toda sua neve iria derreter rapidamente e ela iria afundar. Todos então pegaram seus barcos e partiram.

Mas o *Amor* resolveu ficar um pouco mais com a amada ilha, antes que ela afundasse de vez. A água, porém, não parava de subir e quando, por fim, o *Amor* estava quase se afogando, começou a pedir ajuda. Nesse momento estava passando a *Riqueza*, em um lindo barco.

Então o *Amor* disse:

– *Riqueza*, leve-me com você.

– Não posso, há muito ouro, prata e pedras preciosas no meu barco. Não há lugar para você.

O *Amor* então pediu ajuda à *Vaidade*, que também vinha passando.

– *Vaidade*, por favor me ajude.

– Não posso te ajudar, *Amor*, você está todo molhado e poderia estragar meu barco novo. Nesse momento, o *Amor* avistou a *Tristeza*.

– *Tristeza*, leve-me com você.

– Ah, *Amor*, estou tão triste que prefiro ir sozinha.

Também a *Alegria* foi solicitada, mas estava tão alegre que nem conseguiu ouvir o chamado do *Amor*. Já desesperado, o *Amor* começou a chorar. Foi quando ouviu uma voz chamar:

– Vem *Amor*, eu levo você!

Era um velhinho. O *Amor*, ofegante, subiu no barco, com o coração descompassado de tanta felicidade e gratidão que se esqueceu de perguntar o nome dele.

Chegando do outro lado da praia, pergunta à *Sabedoria*.

– *Sabedoria*, você sabe quem era aquele velhinho que me trouxe até aqui. E a *Sabedoria* responde:

– Era o *Tempo*.

– O *Tempo*? Mas por que só o *Tempo* me salvou?

– Porque só o *Tempo* é capaz de atender ao chamado do *Amor*.

E a dica da ANJA DOURADA deste texto é: feche os olhos, respire e sinta, é chegado o *tempo do Amor na Terra*.

BRASIL

ITATIAIA

CURIOSIDADES SOBRE ITATIAIA

- "ITATIAIA" é um termo tupi que significa "pedra pontuda", por meio da junção dos termos *itá* (pedra) e *atîaîa* (pontudo).
- Localizada na Região Sul Fluminense, em estratégica posição geográfica entre Rio de Janeiro, São Paulo e Belo Horizonte. Sua história tem mais de 160 anos, sendo 5 de abril de 1849 a data de sua fundação.
- A cidade conta com atrativos turísticos, como a Usina Hidrelétrica do Funil, a Colônia de Penedo e as vilas da Maromba e Maringá.
- O Parque Nacional de Itatiaia é um atrativo à parte. Criado em 14 de junho de 1937, pelo então presidente Getúlio Vargas, é o primeiro parque nacional do Brasil. Tem atrativos como: "O Lago Azul", "As Cachoeiras Poranga. Itaporani e Véu da Noiva", "Os Três Picos", "O Complexo Maromba", "A Pedra da Fundação" e o "Mirante do Último Adeus".

AO ENCONTRO DA NATUREZA

Sinta-se vivo ao observar a natureza...

Escute os pássaros, o mar, o vento, olhe o céu, olhe as nuvens formando desenhos engraçados que logo se desfazem sob nosso olhar...

Quanta vida há no ar, nas águas e no chão.

Minúsculos seres caminhando sobre a terra, alguns deles grandes, outros, pequeninos e outros ainda imperceptíveis ao nosso olhar.

Eu, particularmente, adoro observar as formigas... Sempre apressadas na sua luta diária pela sobrevivência.

Observar a natureza, repleta de beleza, harmonia, cores e lições que nos ensinam a viver, é um grande exercício que nos fará relaxar e esquecer por instantes as provas que a vida nos impõe.

Aprendamos a dar mais valor à natureza.

Isso fará nosso dia se tornar mais leve e, em silêncio, sem palavras, teremos tido um momento de encontro com o Criador.

A natureza é DEUS... Os pássaros, as nuvens, o vento, os mares, o sol, a lua, as estrelas, os animais, tudo está em perfeita sintonia com o universo para nossa felicidade.

A natureza é nossa grande aliada, que nos fornece água, fogo, alimento, abrigo.

Sejamos gratos por tudo o que nos cerca, por tudo o que nos foi concedido, em abundância, pelo Criador da vida!

E a dica da ANJA DOURADA deste texto é: saibamos que para aumentar nossa saúde física e emocional, devemos andar descalços na grama, na terra, na areia... Pisar no planeta faz com que tenhamos uma troca energética única, deixando energias ruins e estagnadas e absorvendo energias boas e renovadas! Experimente!

BRASIL

PIACATUBA

CURIOSIDADES SOBRE PIACATUBA

- "PIA": coração; "CATU": bom; e "BA": lugar. Portanto, PIACATUBA significa "Lugar de gente de bom coração", no idioma dos pacíficos índios puris.
- Distrito da cidade de Leopoldina, PIACATUBA é famosa por sediar o "Festival de Viola e Gastronomia". A programação conta com grandes nomes da música de raiz, além de oficinas, exposições artísticas e um roteiro gastronômico preparado pelos restaurantes locais. Destaque para o charmoso e tradicional "Restaurante das Pedras".
- PIACATUBA guarda belezas naturais como a Cachoeira Poeira d'Água e importantes patrimônios históricos, como casarões do final do século XIX, a igreja Nossa Senhora da Piedade e a Torre da Cruz Queimada.
- Conta a história que um fazendeiro decidiu doar terras para a construção de uma igreja. E para demarcar o terreno doado, foi fincada uma cruz de madeira no local. O fazendeiro rival, furioso com a iniciativa, ordenou seu escravo que derrubasse a cruz com uma foice, sem sucesso. Ordenou, então, que colocasse fogo, mas a cruz não queimava, ficando apenas chamuscada. Desde então foi construída uma Torre para a "Cruz Queimada", atraindo milhares de devotos e peregrinos que vão render-lhe homenagem e pedir-lhe proteção.

A PACIÊNCIA DIVINA

Você já parou para pensar na Paciência Divina conosco, em cada instante da nossa vida?

Quando éramos recém-nascidos, por exemplo, DEUS teve paciência conosco e nos presenteou com o devotamento de nossa mãe, nosso pai, nossos avós, tios, primos e amigos para nos ajudar a ativar as energias do próprio corpo.

Quando éramos ainda analfabetos, DEUS teve paciência conosco e nos enviou professores devotados na arte de nos revelar novos horizontes no campo da educação.

Quando estamos doentes, DEUS nos envia médicos, especialistas na arte de cuidar, para que nosso corpo restabeleça a saúde física.

Quando estamos tristes, DEUS nos envia amigos que nos alegram, nos ajudam e, muitas vezes, nos aconselham, descortinando véus de nossa própria ignorância.

A Providência Divina cuida de cada um de nós, entendendo nossas limitações e necessidades e cria, ao nosso redor, uma rede de laços afetivos.

Assim, através dos nossos pais, familiares, amigos, professores e companheiros de trabalho, experimentamos a ação Divina em nosso dia a dia.

A paciência de DEUS conosco é infinita e permite também que nos apropriemos de plantas e animais de sua Criação Divina, a fim de que nos sirvam de alimentos, medicamentos e até vestimentas.

A verdadeira paciência sabe esperar, tolerar e suportar, não como alguém que se mantém apenas calmo diante de uma adversidade, mas como um educador que usa do AMOR e da SABEDORIA para vencer as limitações e dificuldades.

E a dica da ANJA DOURADA deste texto é: paciência é o intervalo entre a semente e o fruto.

JAPÃO
TEMPLO SENSO JI

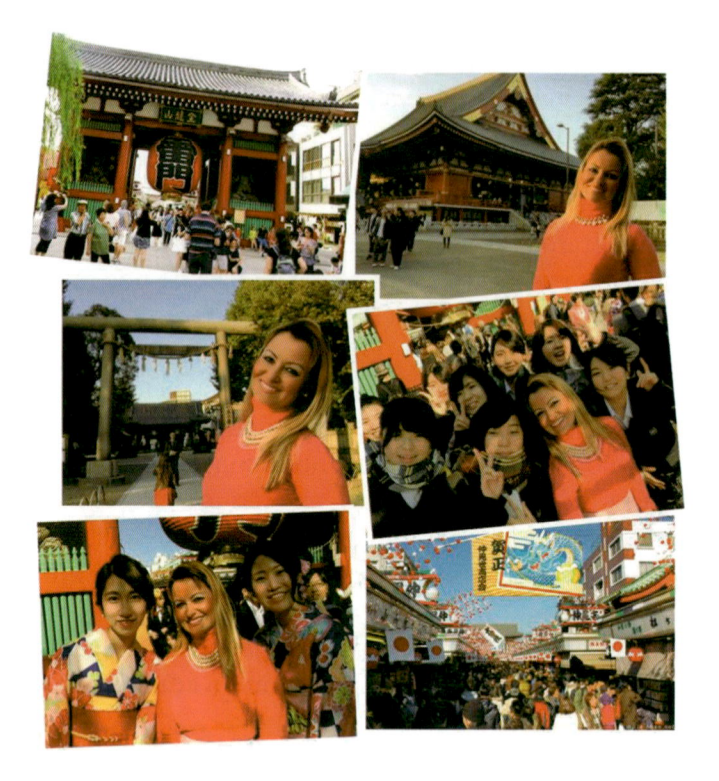

CURIOSIDADES SOBRE O TEMPLO SENSO-JI

- Fundado no ano 645, SENSO-JI é o templo budista mais antigo de TOKYO.
- Foi originalmente erguido para preservar uma estátua de *Kannon*, a deusa da misericórdia, de apenas sete centímetros de altura, achada no Rio Sumida por dois irmãos pescadores.
- Logo após o majestoso portão de entrada do templo, encontra-se a chamada "*Nakamise*", uma rua com 250 metros de extensão, ladeada por lojinhas que vendem todo tipo de graciosas lembrancinhas, além de comidinhas típicas, numa profusão de cores, aromas e sabores.
- O templo SENSO-JI é um dos locais mais visitados do JAPÃO, e apesar de ter sofrido com os bombardeios da Segunda Guerra Mundial e ter sido parcialmente danificado, foi totalmente reconstruído e hoje é um símbolo de renascimento e paz para o povo japonês.

TIRE O ANEL

Um rei viu seu filho único partindo para a guerra...

No instante da partida, tirou um anel do seu dedo e o entregou para o filho, dizendo:

– Amado filho, esse anel eu ganhei do meu pai, e ele ganhou do seu avô, que ganhou do seu bisavô e está em nossa família a gerações. Hoje eu o entrego à você! Em qualquer momento da sua vida, o que acontecer de bom ou de ruim, de feliz ou triste, de luz ou de sombra, de vida ou de morte... Tire o anel do dedo e leia o que está escrito!

Abraçaram-se muito, o rapaz colocou o anel no dedo, conforme o pedido do pai, e partiu.

Durante a guerra viveu todos os tipos de problemas de um soldado: fome, sede, frio, exaustão, lama, dor, medo, ansiedade, tristeza, sono, solidão, morte dos companheiros... Mas sempre se lembrava do seu pai, então tirava o anel do dedo e lá estava escrito:

"*Isso também passará*"!

Assim os dias seguiram, na marcha incessante do tempo.

A guerra terminou e o príncipe pôde voltar para a casa do pai.

Ao saber do retorno do filho para casa, o rei mandou realizar uma grandiosa festa.

A cidade inteira foi enfeitada com flores, e todos saíram às ruas para receber o amado príncipe de volta.

Ao entrar na cidade e vê-la toda em festa, aguardando-o com tanta expectativa e felicidade, o príncipe tira o anel novamente do dedo e lê: "*Isso também passará*"!

E a dica da ANJA DOURADA deste texto é: viva sua vida fazendo a sua parte o melhor que puder, aproveitando cada instante, cada minuto, cada segundo, que por certo... também passará! Tudo passa!

BRASIL

ESCOLA ESTADUAL PROFESSOR BOTELHO REIS

CURIOSIDADES SOBRE A ESCOLA ESTADUAL PROFESSOR BOTELHO REIS

- Localizada em Leopoldina, Minas Gerais, a Escola é carinhosamente conhecida como "Ginásio". Foi fundada no dia 03 de junho de 1906 pelos irmãos Custódio e José Monteiro Ribeiro Junqueira.
- Em estilo neoclássico, o lindíssimo edifício da escola foi projetado pelo engenheiro Ormeo Junqueira Botelho e seu nome é uma homenagem ao diretor que ficou à frente da instituição de 1910 a 1925.
- Tombado pelo IEPHA – Instituto Estadual de Patrimônio Histórico e Artístico, no dia 12 de março de 1996, passou a constar entre os bens culturais do estado de Minas Gerais.
- Políticos, como o advogado Carlos Luz, fizeram parte do corpo docente da escola. Dentre os ex-alunos, alguns se tornaram figuras de destaque, como o governador Milton Campos, o cineasta Humberto Mauro e o escritor português Miguel Torga. Eu também estudei aqui e tenho muito orgulho disso!

UMA ESCOLA ABENÇOADA

Você já parou para pensar que somos alunos desse grande planeta azul? Alunos de um planeta-escola!

E você sabe a diferença entre os melhores alunos e os piores?

Posso lhe adiantar que não é a inteligência.

O que faz a real diferença entre os melhores alunos e os piores é uma característica de destaque: a DETERMINAÇÃO!

E você sabe o que é determinação?

Determinação é a certeza íntima de direcionamento.

Ser determinado é ter metas claras, definidas e uma convicção plena de que irá alcançá-las. A pessoa determinada possui uma vontade inquebrantável de atingir seus objetivos e tira sua motivação dessa fonte inesgotável de energia.

Determinação é paixão e perseverança em objetivos de curto e longo prazo.

Determinação é ter resistência... É agarrar seu futuro, dia a dia, não apenas durante uma semana, não apenas durante um mês, mas durante anos, e trabalhar bastante, incansavelmente, para tornar real esse futuro.

A ciência sabe muito pouco sobre a determinação e menos ainda sobre como gerá-la... Mas há milhares de estudos que comprovam que pessoas talentosas que não têm determinação, não concluem suas tarefas, simplesmente não vão até o fim com seus compromissos e não têm sucesso financeiro, social ou emocional.

Não acredite que falhar é uma situação permanente... As falhas podem ser transformadas em degraus para alcançarmos nossos reais objetivos.

E a dica da ANJA DOURADA deste texto é: precisamos usar nossas melhores ideias, nossas mais fortes intuições, nossos desejos mais sinceros do coração e testá-los, colocá-los em prática. E se houver falhas? Vamos começar novamente com as lições já aprendidas, com determinação.

JAPÃO

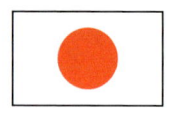

AS GUEIXAS

CURIOSIDADES SOBRE AS GUEIXAS

- GUEIXA significa literalmente "pessoa que vive das artes". É uma profissão que nasceu no século XVII, quando uma lei japonesa proibiu as mulheres de serem artistas. O problema é que existiam muitas mulheres que eram atrizes, cantoras e dançarinas do mais alto nível.
- Então, homens ricos e poderosos do JAPÃO contratavam essas mulheres para fazerem shows em festas particulares, por isso não demorou muito e o governo japonês deu um jeito de legalizar a profissão.
- Para ser uma GUEIXA é preciso estudar e muito. As GUEIXAS precisam aprender tudo a respeito das artes, tocar diversos instrumentos, ganhar habilidade na dança, além de aprender sobre maquiagem, penteados e etiquetas sociais.
- Uma das principais regras para ser uma GUEIXA é ser tão silenciosa e anônima quanto possível. Isso ajuda a dar ainda mais um ar de mistério. No JAPÃO, a condição de GUEIXA é cultural, simbólica, repleta de *status*, tradição, feminilidade, delicadeza e muita paciência, já que são necessárias várias horas de preparo para vestir sua indumentária típica: o quimono, acompanhado dos acessórios, maquiagem completa e o penteado.

DOSE EXTRA DE PACIÊNCIA

Ninguém é tão grande que não possa aprender, ninguém é tão pequeno que não possa ensinar.

Ler, estudar, pesquisar, buscar, questionar, perguntar e observar são muito mais que ações, são atitudes da alma que está disposta a aprender para crescer e engrandecer a si e ao mundo que a cerca.

Todo aprendizado é um exercício profundo e complexo, onde dor e êxtase se misturam e se expandem em novo degrau de consciência.

Todo novo aprendizado nos modifica, de alguma forma, e, depois dele, já não somos mais os mesmos.

Mas é preciso calma e uma dose extra de paciência para que os novos sentimentos e pensamentos se acomodem com ternura.

Um agricultor, por exemplo, que planta suas sementes, conta com a bondade e o trabalho da terra e aprende a esperar pela colheita.

Uma mulher grávida aprende, com o decurso dos dias, das semanas, dos meses a esperar por seu filho amado.

Um marceneiro seleciona a madeira e aprende que cada uma tem suas características únicas e especiais.

Um médico recebe no consultório seu paciente com dor e aprende sobre a arte de curar.

Um padeiro, que acorda muito cedo e se põe a trabalhar preparando a massa para colocar o pão na mesa do próximo, aprende a servir, com paciência.

Os pássaros, com disciplina, perseverança e paciência, aprendem a tecer seus ninhos na incessante marcha do ir e vir, graveto a graveto.

E a dica da **ANJA DOURADA** deste texto é: um verdadeiro mestre é um eterno aprendiz!

ESTADOS UNIDOS DA AMÉRICA

OS SUPER-HERÓIS

CURIOSIDADES SOBRE OS SUPER-HERÓIS

- Os SUPER-HERÓIS são um grande sucesso ao redor do mundo, seja nos quadrinhos, cinema, TV e até naquela camiseta preferida ou fantasia de carnaval. Eles não cansam de conquistar fãs por todos os lados, não importando idade, religião, classe social ou opiniões políticas.
- Para quem não é leitor de quadrinhos e conheceu os SUPER-HERÓIS por outros veículos, é difícil imaginar que esses personagens sejam praticamente mais velhos que nossos avós.
- Lançada em 1939, na cidade de NEW YORK, pelo editor de revistas Martin Goodman, a revista MARVEL COMIC foi onde se deram as primeiras aparições dos Super-Heróis.
- O primeiro grande herói da Marvel foi o Capitão América, criado em 1941. Homem Aranha ou Homem de Ferro? Hulk ou Demolidor? Thor ou Quarteto Fantástico? Qual o seu predileto?

OS SUPER-HERÓIS

Por que os SUPER-HERÓIS fazem tanto sucesso?
Por que eles são bonitos?
Verdade...
Por que eles são fortes?
Verdade...
Por que eles têm superpoderes?
Também é verdade...

Mas tudo isso seria inútil se eles não tivessem o maior e melhor poder: que é fazer o bem!

Eles usam até máscaras ou roupas especiais para ajudar a humanidade a se livrar do mal, sem revelar sua própria identidade.

Eles se doam à sociedade, abrindo mão de qualquer reconhecimento. Sabem, porém, que quanto maior seu poder pessoal, maior sua responsabilidade.

Ter poder pessoal é assumir a responsabilidade pela própria vida, pelo próprio trabalho e sucesso.

O poder pessoal supera obstáculos, pois se fundamenta no potencial ilimitado que existe dentro de cada um de nós.

É o único que não se pode perder porque é adquirido através do esforço próprio e vivenciado internamente.

Alguém com verdadeiro poder pessoal não espera que outra pessoa corresponda às suas expectativas, nem coloca a responsabilidade sobre seu bem-estar nas mãos de quem quer que seja.

Ter poder pessoal significa ter as rédeas da vida nas próprias mãos, como resultado da atenção, do esforço e da responsabilidade de nossas próprias escolhas e atitudes.

E a dica da ANJA DOURADA deste texto é: não deixe de fazer nada que você queira, mas tenha responsabilidade e maturidade para viver com as consequências, boas ou ruins, dessas ações e transforme-se verdadeiramente em SUPER-HERÓI de sua própria história!

BRASIL
CATAGUASES

CURIOSIDADES SOBRE CATAGUASES

- Cidade histórica de Minas Gerais, CATAGUASES esteve à frente do *Movimento Moderno de Arquitetura* da década de 1940, o que levou diversos arquitetos e artistas modernos a desenhar uma nova estética para a cidade. Importantes nomes, como Oscar Niemeyer, Cândido Portinari, Burle Marx, Joaquim Tenreiro, Djanira, José Pedrosa, Jon Lach, deixaram seus traços imortalizados na cidade.
- A *Igreja Santa Rita* é um dos pontos turísticos mais visitados e localiza-se em uma das mais belas praças de CATAGUASES. Cercada por grandes árvores centenárias, destaca-se por abrigar o *Santuário Diocesano de Santa Rita de Cássia*, o qual possui uma fascinante arquitetura modernista e um lindo painel intitulado: *A vida de Santa Rita*, de Djanira.
- Projetado por Oscar Niemeyer, é famoso o *Colégio Cataguases* (atual Escola Estadual Manuel de Inácio Peixoto). Outros nomes também foram chamados para compor a Arquitetura Moderna do Colégio: os jardins são de Burle Marx, o mobiliário de Joaquim Tenreiro, Portinari assina o mural do hall *Tiradentes*, Paulo Werneck concebeu o painel em pastilhas *Abstrato* e, na frente do edifício, encontra-se *O Pensador* de Jan Zack.
- Atualmente CATAGUASES mantém o perfil de "*Cidade do Cinema*" e realiza anualmente o *Festival Ver e Fazer Filmes*, o qual conta com a participação de produtores convidados de várias partes do país e do exterior.

SONHO E REALIDADE

O cinema é um modo criativo, emocionante e divino de contar e recontar a vida. Talvez um meio direto, ainda que sonhador e impreciso, de entrar em competição com DEUS.

Fluxo constante e oscilante entre ficção e realidade.

Não apresenta fronteiras, muito menos limites e nem sempre finais açucarados, românticos e felizes.

Curioso observar como as cores do mundo parecem muito mais reais quando vistas do cinema. Tem magia naquela tela... Uma espécie de lente de aumento que nos faz parar, observar, refletir, sorrir e chorar.

Quantas histórias para contar...

Histórias tristes tornam-se mais tristes, histórias de superação tornam-se exemplos a serem seguidos... Histórias de aventuras nos transportam a mundos nunca antes imaginados... Histórias de amor... ahhhh... As histórias de amor. Como não se emocionar e desejar ter uma também?

Particularmente, faço muitas viagens nacionais e internacionais e amo cinema. Já perdi as contas de quantas vezes eu me vi ali, sozinha, naquela sala escura, com um saquinho de pipoca na mão, cercada de desconhecidos, dezenas deles sozinhos naquele momento também.

E me questiono:

– Será que essas pessoas *sozinhas* têm algum amor à sua espera?

Penso que está nessa pergunta, simples e casual, um dos segredos do filme da nossa vida... E a resposta que me vem à mente é:

– Você pode viajar o mundo sozinha: de avião, de trem, de carro e até a pé; você pode ir a restaurantes sozinha: caros, baratos, modestos ou sofisticados; você pode ir ao cinema sozinha: grandes, pequenos, confortáveis ou desconfortáveis; mas não se sentir sozinha porque sabe que é apenas uma imposição do momento, uma circunstância passageira, uma situação transitória... Existe alguém a sua espera!

E é esta retaguarda que faz toda a diferença na vida.

E a dica ANJA DOURADA deste texto é: viva beijos profundos e cheios de valor, abraços calorosos e reconfortantes. Não viva um amor ideal, mas um amor verdadeiro.

ITÁLIA

COLISEU

CURIOSIDADES SOBRE O COLISEU

- Considerado uma das "7 Maravilhas do Mundo Moderno", o COLISEU é um símbolo de ROMA e umas das atrações turísticas mais populares da capital italiana, recebendo cerca de 6 milhões de visitantes todos os anos.
- Em latim, COLISEU quer dizer "grande" ou "colossal". Sua construção começou sob o governo do imperador Vespasiano, em 72 d.C, e foi cocluída em 80 d.C, sob o regime do seu sucessor e herdeiro, Tito.
- Estima-se que o COLISEU podia abrigar entre 50 a 80 mil espectadores. O edifício é construído em mármore, pedra travertina, ladrilho e tufo, espécie de pedra calcária com grandes poros.
- O COLISEU era usado para combates de gladiadores e espetáculos públicos, tais como caças de animais selvagens, execuções, encenações de batalhas famosas, dramas baseados na mitologia clássica, além de simulações de batalhas navais numa escala sem precedentes.

AS 7 MARAVILHAS DO MUNDO

Uma professora pediu aos seus alunos que criassem uma lista com as "*7 Maravilhas do Mundo*".

Após alguns debates e negociações, a lista ficou assim:
* *a Torre Eiffel, em Paris;*
* *a Muralha da China;*
* *o Taj Mahal, na Índia;*
* *o Cristo Redentor, no Rio de Janeiro;*
* *as Pirâmides do Egito,*
* *o Coliseu, em Roma;*
* *Machu Picchu, no Peru.*

Após ler a lista em voz alta, a professora percebe que se esqueceu de uma criança chamada Laura.

A professora, então, se aproxima de Laura e pergunta:

– Você já terminou sua lista das "*7 Maravilhas do Mundo*", querida?

Laura, um pouco pensativa, responde:

– São tantas as maravilhas que eu não consigo listar todas.

– Não tem problema – respondeu a professora. – Leia em voz alta o que você escreveu até agora, talvez possamos te ajudar.

Laura ficou um pouco tímida, mas começou a ler:

– Eu acho que as "*7 Maravilhas do Mundo*" são:

SENTIR, TOCAR, VER, OUVIR, SABOREAR, SORRIR e AMAR.

Todos permaneceram em silêncio refletindo sobre a grande lição dada por aquela criança ainda tão pequenina!

E a dica da ANJA DOURADA deste texto é: vamos silenciar um pouco também, em meio a esse mundo tão barulhento, vamos silenciar para perceber que as verdadeiras maravilhas de nossa vida não são vendidas nas lojas, nos supermercados ou shoppings das cidades. As verdadeiras maravilhas da nossa vida são presentes do Criador da vida. Vibre em gratidão!

ESTADOS UNIDOS DA AMÉRICA

BROOKLYN BRIDGE

CURIOSIDADES SOBRE A BROOKLYN BRIDGE

- Localizada em New York, a BROOKLYN BRIDGE teve sua inauguração no dia 24 de maio de 1883 e seus 486 metros de extensão fizeram dela a maior ponte suspensa por cabos de aço do mundo.
- Estima-se que mais de 100 mil veículos atravessem a ponte todos os dias, além de 4 mil pedestres e mais de 2.600 bicicletas que se somam ao tráfego diário.
- Os falcões peregrinos são ilustres moradores da BROOKLYN BRIDGE e, regularmente, usam a ponte como local para seus ninhos.
- A ponte foi desenhada pelo arquiteto John Augustus Roebling, e após 14 anos de uma construção, que custou 15 milhões de dólares, a BROOKLYN BRIDGE finalmente conseguiu cumprir sua missão: conectar Manhattan ao Brooklyn.

A PONTE

O mundo é lugar de abençoadas lições.

Coisa alguma permanece sem propósito, sem missão, sem tarefa, sem finalidade justa.

Uma ponte, uma paisagem, uma árvore, um rio... Tudo nos dá lições grandiosas.

E você já serviu de PONTE alguma vez?

Pense bem...

Você já serviu de ponte entre o desespero e o consolo?

Você já ajudou alguém a atravessar os rios da ignorância e o conduziu às margens seguras do conhecimento?

Você já estendeu a mão amparando alguém em um momento triste e difícil?

Você já foi ponte entre os olhos baixos e um sorriso sincero?

Você já foi ponte entre as coisas da Terra e as coisas do Céu, ensinando alguém a orar com fé e confiar na vida?

Quantas vezes podemos ser PONTES e deixamos passar as oportunidades, não é mesmo?

Ser PONTE entre duas situações opostas, entre duas realidades, entre dois lugares ou estados da alma é missão nobre e importantíssima!

E a dica da ANJA DOURADA deste texto é: vamos inspirar nossa vida na ideia dessa construção fascinante e sua função nobre... servindo sempre, silenciosamente, sem altivez, sem esperar aplauso ou temer reprovação. Vamos ser PONTE também?

SUIÇA
GENEBRA

CURIOSIDADES SOBRE GENEBRA

- GENEBRA é, ao lado de Nova York, o centro mais importante da diplomacia e da cooperação internacional, em razão da presença de inúmeras organizações internacionais, fazendo da cidade sede de diversos departamentos e filiais das Nações Unidas, da Cruz Vermelha e da Unesco.
- Recebe a denominação de "Cidade da Paz", uma vez que lá foram assinados diversos tratados em prol da paz mundial, incluindo os tratados das "Convenções de Genebra" que, em resumo, estipulam direitos e deveres em tempos de guerra.
- GENEBRA é considerada um dos mais importantes centros financeiros do mundo e classificada em oitavo lugar na lista das dez cidades com maior qualidade de vida para se viver.
- Destaque para o CERN – Organização Europeia para a Pesquisa Nuclear (em francês: CONSEIL EUROPÉEN POUR LA RECHERCHE NUCLÉAIRE). Fundado em 1954, desenvolveu-se como o maior laboratório de física de partículas do mundo. Cientistas de todo o mundo viajam ao CERN para realizar pesquisas e explorar as forças fundamentais e materiais que formam o Universo.

O SAL DA DOR

Um velho cientista pediu a um triste jovem que colocasse uma mão cheia de sal em um copo de água e bebesse.

– Qual é o gosto? – perguntou o cientista.

– Ruim... – respondeu o jovem.

O cientista sorriu e pediu ao jovem que pegasse outra mão cheia de sal e levasse a um lago.

Os dois caminharam, em silêncio, e o jovem jogou o sal no lago.

– Agora, beba um pouco dessa água do lago... – pediu o cientista.

Enquanto a água escorria pelo queixo e pelas mãos do jovem, o cientista perguntou:

– Qual é o gosto?

– Bom... – respondeu o jovem.

– Você não sente mais o gosto do sal? – perguntou o cientista.

– Não... – respondeu o jovem.

O cientista então, calmamente, sentou-se ao lado do jovem e disse:

– A dor na vida de uma pessoa é o sal. O sal não muda, mas seu sabor, bom ou ruim, depende de onde o colocamos.

Quando você sentir dor, a única coisa que deverá fazer é aumentar o sentido de tudo que está a sua volta e dar mais valor ao que você tem do que ao que você perdeu.

Em outras palavras: é deixar de ser copo e transformar-se em lago.

E a dica da ANJA DOURADA deste texto é: tanto as lágrimas quanto o suor são líquidos e salgados, mas provocam resultados diferentes. As lágrimas limparão nossas feridas e o suor nos trará progresso.

BRASIL

SANTOS DUMONT

CURIOSIDADES SOBRE O AEROPORTO SANTOS DUMONT

- Considerado um dos aeroportos mais bonitos do mundo, sua aguardada inauguração aconteceu em 1936. É um dos dez aeroportos mais movimentados do Brasil, com destaque para os famosos voos da Ponte-Aérea: Rio de Janeiro – São Paulo.
- Construído sobre um aterro à beira da Baía de Guanabara, o *AEROPORTO SANTOS DUMONT* foi o primeiro aeroporto civil inaugurado no Brasil. Possui uma localização privilegiada, bem no centro financeiro da cidade do Rio de Janeiro.
- Seu nome é uma merecida homenagem a Santos Dumont. Conhecido como o "Pai da Aviação", foi o primeiro homem da história a decolar a bordo de um avião impulsionado por um motor e voar num circuito preestabelecido, sob a supervisão oficial de especialistas, jornalistas e cidadãos de Paris.
- Um dos destaques do famoso aeroporto são as modernas salas de embarque, as pioneiras no Brasil totalmente revestidas de material transparente, que oferecem uma ampla visão da Baía de Guanabara, onde é possível também observar pontos turísticos como a Ponte Rio-Niterói, a Ilha Fiscal, o Museu de Arte Contemporânea, a cidade de Niterói, a Escola Naval e o Pão de Açúcar.

UM COMANDANTE SUPERPODEROSO

Você teria coragem de entrar em um avião se soubesse que o piloto não tem nenhuma experiência em voar?

Você teria coragem de permanecer a bordo desse avião se descobrisse que esse mesmo piloto não sabe decolar da forma correta; não sabe usar os instrumentos de navegação de maneira eficiente; não sabe se comunicar com a Torre de Controle de forma apropriada?

E que sequer sabe pousar o avião de maneira segura e confortável?

Não, acredito que você não teria coragem de permanecer a bordo.

Sou aeromoça há mais de 25 anos e, como profissional da aviação, sei que ao entrar em um avião as três coisas que os passageiros mais querem são: segurança, conforto e a plena certeza que chegarão bem a seus destinos.

Durante minha vida pelos céus desse mundo, aprendi que só é possível proporcionar a segurança, o conforto e a certeza que os passageiros desejam por meio do total comprometimento e autoaperfeiçoamento diário de todos nós, tripulantes e profissionais envolvidos na operação da aeronave, para que tudo seja o mais perfeito possível.

São cursos preparatórios e de reciclagem, horas intermináveis de estudos, manutenção impecável e logística detalhada, tudo cuidadosamente preparado para que o voo seja o mais confortável e seguro para todos. E por que estou falando sobre tudo isso?

Porque ao compararmos o ser humano com o avião mais moderno que existe, percebemos que somos uma máquina ainda mais moderna, poderosa e complexa.

E sabe quem é o Comandante dessa máquina? O pensamento.

E o que acontece se não conseguimos pilotar nosso pensamento?

Não decolamos dos problemas, não nos colocamos em um nível adequado de segurança, ou simplesmente não aterrissamos para encarar de frente nossos traumas, medos e inseguranças.

E a dica ANJA DOURADA deste texto é: Embarque nesse avião superpoderoso chamado pensamento, aprenda a pilotá-lo com eficiência e torne-se comandante da sua própria vida!

JAPÃO

OS MONGES

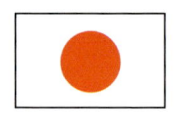

CURIOSIDADES SOBRE OS MONGES

- Pensar no JAPÃO é, em parte, pensar em seus belos templos, santuários e monges.
- MONGE (feminino: monja) é uma pessoa devotada à vida monástica e clausural. É aquele que está separado de todos e unido a todos.
- É assim chamado porque conversa com DEUS noite e dia e não imagina, senão, as coisas de DEUS, sem nada possuir na Terra.
- É solitário, abstendo-se do casamento e renunciando ao mundo exterior. Tem uma vida de disciplina e de orações incessantes, para que DEUS purifique seu coração e o preencha de felicidade.

VIVER COM FELICIDADE

Um homem foi procurar um sábio japonês para se queixar com ele de desânimo, apatia, tristeza, melancolia e depressão.

O sábio sorriu, silenciou um pouco e disse:

– Vou te fazer seis perguntas:
- Quando você parou de dançar?
- Quando você parou de cantar?
- Quando você parou de acreditar?
- Quando você parou de silenciar?
- Quando você parou de se encantar?
- Quando você parou de amar?

E o homem compreendeu a resposta.

Agora sou eu quem te pergunto:

– Em algum momento você também já parou de dançar, cantar, acreditar, silenciar, se encantar... De amar?

Não tem problema.

Cada dia que amanhece é uma oportunidade única, uma página em branco na marcha incessante e inexorável do tempo.

Recomece hoje...

Recomece agora...

Recomece a tarefa do AMOR a cada dia.

Escreva e reescreva sua história quantas vezes forem necessárias.

Não sobrecarregue seus dias com preocupações desnecessárias.

Não perca a oportunidade de viver com felicidade!

E a dica da ANJA DOURADA deste texto é: você pode pesquisar no Universo inteiro por alguém que seja mais merecedor do seu amor e carinho do que você mesmo e essa pessoa não será encontrada em lugar algum. VOCÊ, VOCÊ e VOCÊ, mais do que ninguém, merece seu AMOR INCONDICIONAL!

JAPÃO
OS SAMURAIS

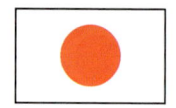

CURIOSIDADES SOBRE OS SAMURAIS

- Os SAMURAIS são guerreiros lendários que, até hoje, causam fascínio no mundo inteiro, e é talvez a classe mais conhecida do Japão antigo.
- Esses lutadores nobres, que empunhavam espadas e tinham armaduras incríveis, seguiam um rigoroso código moral que regia sua vida inteira.
- Na cidade de OSAKA, localiza-se o famoso *Samurai Museum Bushido*, onde se pode encontrar tudo relacionado ao universo dos SAMURAIS.
- Imponentes e cheias de detalhes, as armaduras desses guerreiros eram fascinantes, resistentes e flexíveis o suficiente para permitir sua livre circulação, possibilitando ao SAMURAI proteção contra as adversidades do campo de batalha.

AS ADVERSIDADES DA VIDA

Você já parou para agradecer as adversidades da sua vida?

Agradeça...

Agradeça o abandono, as decepções, as traições, as frustrações e até as doenças...

Como assim? (*risos*)

Eu vou lhe explicar melhor:

As decepções de hoje serão compreendidas como soluções amanhã.

O abandono de agora logo mais poderá se transformar em muito mais coragem e autonomia para sua alma.

A tristeza momentânea nos faz derramar lágrimas, mas nos ensina que a sombra espessa da noite é sempre anúncio de um novo alvorecer.

Com a traição você aprenderá a valorizar a fidelidade, o companheirismo e a sinceridade daqueles que verdadeiramente te amam.

Com a frustração você aprenderá a superar desafios e tornar-se mais forte e resistente para os próximos que, inevitavelmente, irão chegar.

As doenças que aparecem no corpo são uma mensagem de nosso espírito imortal suplicando o reexame de nossa conduta física, mental e emocional.

As decepções, o abandono, as tristezas, as traições, as frustrações e as doenças são apenas provas necessárias na escola da vida.

Provas... Apenas isso.

Como na escola, lembra-se?

Provas de história, geografia, física, matemática, português e tantas outras. Todas, provas necessárias para nosso crescimento e sem exceção, todas passaram e aqui está você: mais educado, mais inteligente, mais consciente, mais sábio!

E a dica da ANJA DOURADA deste texto é: se tiver calma, serenidade, humildade e persistência, perceberá que o futuro está sempre de braços abertos para quem agradece às adversidades da vida e torna-se mais forte para encarar voos mais altos e mais distantes a caminho da luz!

JAPÃO

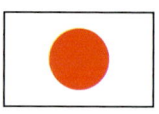

BUDA

CURIOSIDADES SOBRE BUDA

- BUDA, em sânscrito, significa ILUMINADO. A maior estátua de BUDA, em bronze, do mundo, localiza-se no "Jardim do Grande Buda", no Templo Todai-Ji, na cidade de Nara.
- De acordo com os registros, mais de 2,6 milhões pessoas ajudaram a construir o Grande BUDA e seu jardim. Alcançando uma altura de 16 metros, sua construção foi concluída em 751.
- BUDA foi Sidarta Gautama. Ele nasceu por volta de 556 a.C. num pequeno reino próximo do HIMALAIA. De família real, aristocrata, culto, instruído, ficou chocado quando, um dia, teve oportunidade de sair dos muros de seu reino e se deparar com a miséria, a fome, a doença e a morte.
- Algo aconteceu no coração de Sidarta naquele dia e ele resolveu abandonar seu reino, sua fortuna e sua vida de privilégios para peregrinar pelo mundo em busca de explicações para o enigma da vida. Muitos anos mais tarde, BUDA estabeleceu algumas verdades para se chegar à felicidade e à sabedoria, e uma dessas verdades é a tão conhecida Lei do Karma.

ASSUMA A RESPONSABILIDADE

A palavra *Karma* é frequentemente utilizada como sinônimo de castigo, mas, felizmente, cada vez mais, a consciência a respeito do seu verdadeiro significado se amplia.

Karma é uma palavra de origem sânscrita que significa reação, e, por definição, reação é uma resposta a uma ação anterior.

Vamos entender melhor?

BUDA nos orienta que ações de todos os tipos – ações físicas, ações verbais e ações mentais – tornam-se causas para efeitos futuros.

E isso significa que, segundo nosso livre-arbítrio, podemos praticar ações positivas e ações negativas.

Segundo BUDA, se praticamos ações virtuosas, que beneficiam pessoas, colheremos felicidade, paz, harmonia, prosperidade, amor; mas se praticamos ações não virtuosas, que prejudicam pessoas, colheremos sofrimento, tristeza, desarmonia, escassez, desamor.

BUDA também nos ensina que existem três classes de pessoas infelizes e que geram *Karma* negativo:
- as que não sabem e não perguntam;
- as que sabem e não ensinam;
- as que ensinam e não praticam.

Então, crie ações de amor, estabeleça novas oportunidades, exija de você mesmo novas atitudes e pensamentos.

Temos em nós todas as ferramentas de que necessitamos para trabalhar e lapidar nosso próprio ser.

Assuma a responsabilidade do seu *Karma*.

E a dica da ANJA DOURADA deste texto é: entre uma ação e outra, temos infinitas oportunidades de aprender, ensinar e praticar.

JAPÃO

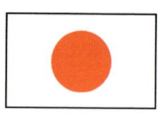

TEMPLO TODA-JI

CURIOSIDADES SOBRE O TEMPLO TODAI-JI

- TODAI-JI (Grande Templo do Leste), é um importante templo budista na cidade de Nara e uma das mais concorridas atrações turísticas do JAPÃO. Considerada a maior construção em madeira do planeta, é Patrimônio Cultural da Humanidade.
- O início da construção do templo foi aproximadamente em 728, quando o imperador Shomu resolveu prestar uma homenagem a seu primeiro filho, o príncipe Motoi que morrera um ano após seu nascimento.
- Em 743, o imperador Shomu emitiu uma lei em que afirmava que todas as pessoas deveriam se envolver diretamente no estabelecimento de novos templos budistas em todo o JAPÃO. Sua crença pessoal era de que mostrando tal piedade iria inspirar BUDA a proteger seu país.
- Através dos anos, TODAI-JI passou por momentos difíceis até chegar aos dias de hoje. No ano 855, um forte terremoto abalou as estruturas do templo. Em 880, foi incendiado e reduzido às cinzas. Em 1567, sofreu outro ataque de tropas incendiárias. Precisou, portanto, ser reconstruído e foi reinaugurado em 1709.

O AMOR E A DOR

Todos nós passamos por horas ruins, momentos difíceis, dores que pensamos, às vezes, não sermos capazes de suportar.

Mas o sofrimento não é exclusividade de ninguém.

Todos sofremos: o rico, o pobre, o alto, o baixo, o gordo, o magro, o saudável, o doente, o jovem, o velho, o bonito, o feio, o brasileiro, o americano, o japonês, o francês.

Dor é dor não importa se você é católico, espírita, evangélico ou judeu.

Dor nas costas, dor de cabeça, dor de quebrar uma perna ou um braço é a mesma se você for alto ou baixo.

A dor de perder alguém que amamos é a mesma, não importa se você é católico ou judeu.

A dor do abandono, da indiferença, do descaso é a mesma se você é católico, espírita, evangélico ou judeu.

A dor nos iguala, mas o AMOR também nos iguala.

Então, valorize mais o AMOR... Valorizemos mais os momentos felizes que vivemos ao lado daqueles que amamos.

Não valorizemos tanto as dores, não glorifiquemos as perdas e que as quedas não se tornem vitrines para o lamento diário.

Se precisa chorar... Chore, porque lágrimas sinceras limpam a alma e curam as feridas. Mas que para cada momento passageiro de sofrimento, venham outros de bênçãos, felicidades e muita luz!

E a dica da ANJA DOURADA deste texto é: uma hora tudo se ajeita, tudo se acalma. Uma hora, o que vai fazer você sorrir bate na sua porta, invade sua casa e colore a sua vida de uma forma inesperada e surpreendente. Tenha fé!

BRASIL

AEROPORTO DE CONGONHAS

CURIOSIDADES SOBRE O AEROPORTO DE CONGONHAS

- Inaugurado no dia 12 de abril de 1936, em uma área descampada, o AEROPORTO DE CONGONHAS logo foi envolvido pela cidade e se tornou um aeroporto central.
- O nome CONGONHAS é uma homenagem ao Visconde de Congonhas do Campo, Lucas Antônio Monteiro de Barros (1767-1851), primeiro presidente da Província de São Paulo, após a Independência do Brasil, em 1822.
- Com arquitetura inspirada no *art déco*, o AEROPORTO DE CONGONHAS foi tombado como Patrimônio Histórico da Cidade de São Paulo.
- Em 19 de junho de 2017, foi sancionada pelo presidente Michel Temer a lei 13.450/2017, que denomina o AEROPORTO DE CONGONHAS pelo nome AEROPORTO DEPUTADO FREITAS NOBRE. Freitas Nobre era jornalista, advogado, professor e escritor. Como político, foi vice-prefeito de São Paulo durante a ditadura militar e deputado federal conhecido por sua luta pela redemocratização do país.

A CONFIANÇA CERTA

Um menino chamado Artur, de aproximadamente 7 anos de idade, estava sozinho no aeroporto à espera do seu voo.

Brincou um pouco no seu computador, olhou o vaivém das pessoas ao seu redor, retirou o lanche da mochila e o saboreou ali mesmo, no saguão do aeroporto, enquanto esperava o momento do seu embarque.

Após certo tempo, foi chamado pelo atendente da empresa aérea para entrar na aeronave e foi colocado no seu respectivo assento, confortavelmente.

Quando o avião decolou, a criança olhou distraidamente a paisagem e começou a colorir um livro cheio de desenhos.

Os passageiros se admiraram ao ver a tranquilidade e paz daquele menino, mesmo viajando sozinho.

De repente, o avião entra em uma área de turbulência severa e começa a sacudir com muita força, todos os passageiros ficam com muito medo e começam a gritar.

A turbulência não passava, cada vez mais solavancos foram sentidos e todos continuavam gritando.

Mas Artur, para surpresa dos passageiros, continuava tranquilo em sua poltrona, tentando colorir seus desenhos.

Quando a turbulência passou, uma passageira que estava ao lado dele perguntou curiosa:

– Você não ficou com medo dessa forte turbulência?

Artur, sorrindo, respondeu:

– Não... Meu pai é o piloto!

E a dica da ANJA DOURADA deste texto é: com a confiança certa, nenhum medo impedirá sua paz e tranquilidade!

ESPANHA

CASA BATLLÓ

CURIOSIDADES SOBRE BATLLÓ

- A CASA BATLLÓ é assim chamada porque era de propriedade do industrial Josep Batlló, que contratou o arquiteto Gaudí para reformar o prédio já existente.
- A imaginação inspiradora de Antoni Gaudí levou à construção de um dos edifícios mais artísticos e poéticos existentes ao redor do mundo. A obra ocorreu de 1905 a 1907, mas o prédio foi originalmente construído em 1877.
- Entre os materiais utilizados estão cerâmica, pedra e ferro forjado, considerados moderníssimos para a época.
- A CASA BATLLÓ localiza-se no Paseo de Grácia, numa área denominada de Ilha da Discórdia, um bairro modernista da cidade de Barcelona.

AVANCE CONFIANTE

Discórdias, disputas, desequilíbrios, instabilidades, quedas, traições, desemprego, incertezas, colapsos, decadências, estagnações, acidentes, tensões...

Ufa!, são muitas as crises que passamos em nossa existência humana, não é mesmo?

E você, já parou para pensar, para analisar, que é nos momentos de crise que surgem as mais importantes e nobres oportunidades?

Olhe para seu momento de crise com coragem... Peça ao mundo superior a força que lhe falta, respire fundo, pegue seu escudo e siga em frente na sua luta.

Todos devemos lutar, não só para a sobrevivência do nosso corpo, mas pelo progresso espiritual da nossa alma.

Crise é sinônimo de progresso, caso se disponha a enfrentar, lutar, aprender e seguir em frente.

Nada poderá tirar seu ânimo de prosseguir se você mantiver acesa a chama da esperança, do otimismo, da coragem, da cordialidade e do amor consigo mesmo.

A vida nos traz instrumentos cirúrgicos para transformar nossas imperfeições, na direção de dias mais ricos de alegria e distantes da ilusão.

Avance confiante!

Não existe prova sem solução e não existe crise sem renovação e crescimento!

E a dica da ANJA DOURADA deste texto é: não importa de onde você veio, não importa quantas crises você já enfrentou e ainda enfrenta, o que importa é olhar para si e enxergar quem você se tornou.

FRANÇA

ARCO DO TRIUNFO

CURIOSIDADES SOBRE O ARCO DO TRIUNFO

- O ARCO DO TRIUNFO (em francês: *Arc de Triomphe*) foi originalmente construído, para enaltecer a grande vitória do imperador francês Napoleão Bonaparte, na *Batalha de Austerlitz*, em dezembro de 1805.
- Empolgado com sua vitória triunfal, Napoleão prometeu aos seus comandados: "*Daqui em diante, vocês voltarão caminhando sob arco triunfal*". Ao regressar à França, em 1806, Napoleão ordenou a construção do ARCO DO TRIUNFO.
- Ironicamente Napoleão passou sob seu arco triunfal apenas uma vez: no seu cortejo fúnebre, em 1840. O monumento ganhou novo significado quando a Primeira Guerra Mundial acabou, em 1918, e o vitorioso exército francês marchou debaixo dele.
- Com 50 metros de altura, o monumental arco é ponto de partida ou passagem de paradas militares, manifestações populares e, claro, visita de turistas; sendo um dos cartões postais da França, mais conhecidos e divulgados pelo mundo.

O PODER DA PALAVRA

O poder que uma palavra tem é realmente impressionante.

As palavras têm a leveza de um sopro e a força de um exército.

São raios de sol na escuridão, oásis em terra deserta e água pura provinda da fonte.

Dita pela pessoa certa, no momento exato... As palavras podem trazer guerra ou paz ao mundo.

Quero ressaltar, neste texto, três importantes aprendizados que podemos ter com as palavras:

– Aprendamos a observar quais são as palavras que saem da nossa boca: são palavras destruidoras, rancorosas, envenenadas, maldosas, mentirosas, que machucam e ferem as pessoas? Ou são palavras sensíveis, edificantes, verdadeiras, que falam de Amor, Esperança, Otimismo, Fé, Bondade e que buscam ajudar as pessoas na sua marcha evolutiva, no seu processo de aperfeiçoamento íntimo e que demonstra a pureza do nosso coração?

– Aprendamos a falar pouco...Precisamos nos preservar... As coisas do coração são sagradas e só devem ser ditas a quem vai ouvi-las com carinho e ficar feliz conosco. Alguém que, ao ouvir que algo nos incomoda, vai torcer muito para que isso passe e que logo superemos. Alguém que, ao ouvir as alegrias da nossa vida, também se alegre conosco.

– Aprendamos a silenciar... Quando alguém nos magoar ou nos ofender... Não retruquemos... Não respondamos! Se a nossa vida, se o nosso trabalho, se as nossas atitudes não foram capazes de convencer, não serão as nossas palavras!

E a dica da ANJA DOURADA deste texto é: somente uma palavra nos liberta de todas as dores da vida e essa palavra é *AMOR*.

FRANÇA

NICE

CURIOSIDADES SOBRE NICE

- NICE, capital da Riviera Francesa, é parte do litoral sul da França, no Mar Mediterrâneo. Geograficamente muito bem localizada, entre o mar e a montanha, a cidade é muito linda, charmosa e procurada por turistas do mundo inteiro.
- A beleza natural da região chamaram a atenção das classes abastadas da Inglaterra, na segunda metade do século XVIII, quando um número crescente de famílias aristocráticas viajavam ao local e desde então tornou-se um dos destinos mais desejados do mundo.
- O ar claro e a luz suave, particularmente, chamaram a atenção de alguns pintores destacados, como Marc Chagall, Henri Matisse, Niki de Saint Challe e Arman. O trabalho deles é celebrado em muitos dos museus da cidade, incluindo o Musée Marc Chagall, Musée Matisse e Musée des Beaux-Arts.
- Considerada uma das áreas mais luxuosas, caras e sofisticadas do mundo é também conhecida por seus palácios, cassinos, festivais de barcos e iates.

O NOSSO BARCO

Era uma vez, um barco muito eficiente no seu trabalho.

Porém, depois de certo tempo, começou a apresentar algumas panes, alguns problemas, algumas dificuldades.

Um pequeno número de pescadores então se reuniu para tentar descobrir qual era o problema, e chegaram à conclusão que o barco precisava de um reparo no motor.

Desmontaram todo o motor, engraxaram todas as peças, trocaram o óleo... E quando foram testá-lo, não funcionou! Um dos pescadores sugeriu, então, que o barco precisava de um motor novo. Pegaram um motor novo emprestado para testar, colocaram no barco, mas, também não funcionou. Aí decidiram pedir a opinião de um velho e experiente pescador.

O velho pescador foi até o barco, deu uma olhada, analisou e disse:

– Tirem o barco da água!

Os pescadores não entenderam muito bem naquela hora, mas resolveram escutar a voz da sabedoria e da experiência do velho pescador. Tiraram o barco da água e, nesse instante, perceberam que o barco estava completamente tomado por resíduos mortos que foram grudando no casco do barco ao longo dos anos.

O velho pescador então deu uma espátula na mão de cada um e disse:

– Raspem o barco! – e continuou: – O problema desse barco é que ele está carregando peso demais, peso de resíduos mortos grudados no casco ao longo dos anos, pesos desnecessários que o fizeram parar.

Todos escutaram com atenção, rasparam o casco do barco, o colocaram de volta na água e o barco, agora limpo, criou alma nova e voltou a ser eficiente como antes!

E a dica da ANJA DOURADA deste texto é: já não somos mais sozinhos, levamos conosco cada recordação, cada vivência, cada história, cada lição. E mesmo que tudo não ande exatamente da forma como gostaríamos, saber que estamos no leme do nosso barco, juntos a JESUS, deve ser motivo de orgulho e extrema felicidade!

BRASIL

BONIN

CURIOSIDADES SOBRE BONIN

- O artista plástico ANTÔNIO MÁRCIO BONIN nasceu em Leopoldina, Minas Gerais. Autodidata, já produziu mais de 3 mil quadros em mais de 30 anos de profissão, realizando diversas exposições em cidades como: Leopoldina, Cataguases, Brasília, Belo Horizonte, Juiz de Fora, São Paulo, entre outras.
- O pintor sabe imprimir arte na tela em branco, com criatividade, domínio de técnicas, interesse por formas, cores e uma extraordinária habilidade sensorial.
- Ao visitar pessoalmente o ateliê do pintor, logo me encantei com o local, um lindo sítio que nos recebe com um portal na cor azul hortênsia, dando uma pequena mostra da festa de cores que encontraria em seu interior.
- Sua arte alcança, majestosamente, temas urbanos, paisagens, flores, borboletas, pássaros e as famosas asas (sua marca registrada) e tem a missão de embelezar paredes, olhares e almas que sabem reconhecer e valorizar o belo. Suas telas já foram vendidas para inúmeras personalidades que incluem artistas, cineastas, empresários e colecionadores de arte. Eu me encantei e já tenho uma linda obra em casa!

A ARTE DA VIDA

A arte é uma das mais nobres e autênticas expressões dos sentimentos e emoções humanas.

Seu notável objetivo é materializar a beleza, visível e invisível, de todas as coisas, despertando a sensibilidade e aprofundando nosso senso de contemplação.

Quando bem compreendida, é poderoso meio de elevação a planos mais altos da consciência.

Graças à sua contribuição, ao longo de toda história da humanidade, o bruto se acalma, o primitivo se comove, o agressivo se suaviza, o inverno se renova, o infeliz se redescobre e os seres são tocados de forma única e incomparável.

Na arte, o pensamento de DEUS é a fonte principal das mais altas e sublimes inspirações para os artistas, que sabem beber, como ninguém, dessa fonte genuína e inesgotável.

Na elaboração das obras, é necessário recolhimento, silêncio e comunhão, consciente ou inconsciente, do mundo superior.

O barulho incessante das cidades não é conveniente às mais elevadas inspirações, ao contrário, a calma da natureza, a serenidade dos campos, a visão pacífica das montanhas facilitam e favorecem a eclosão do talento.

Vale ressaltar que todos somos artistas de nossa própria vida.

Somos atores, pintores, poetas, cineastas, músicos, escultores... Ensaiando sonhos, pintando momentos, tocando a vida de outros seres, esculpindo dores e alegrias na marcha incessante do tempo.

Nesse palco, porém, não existem reprises.

Cada dia é um ato diferente e singular, com uma lição única e exclusiva na arte de aprender, compreender e transformar.

E a dica da ANJA DOURADA deste texto é: para fazer uma obra de arte, não basta ter talento, não basta ter disciplina, requinte e determinação. Para fazer uma obra de arte é preciso vibrar em frequências sublimadas.

ESTADOS UNIDOS DA AMÉRICA

WASHINGTON D.C

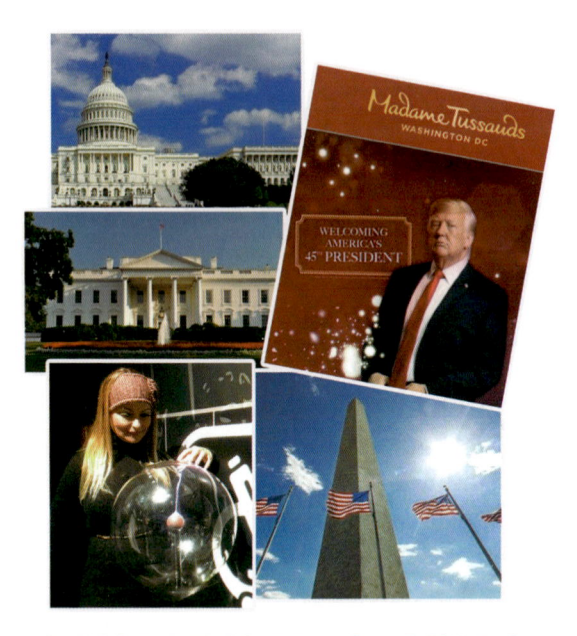

CURIOSIDADES SOBRE WASHINGTON D.C.

- Fundada em 9 de setembro de 1971, WASHINGTON D.C. é a capital dos Estados Unidos da América. A sigla *D.C.* significa *Distrito de Columbia*, que recebeu esse nome em homenagem a Cristóvão Colombo, descobridor da América.
- Um dos monumentos mais conhecidos da cidade de WASHINGTON é o obelisco, construído em homenagem a George Washington. Ele é a mais alta estrutura de pedra maciça do mundo, com 169 metros de altura.
- O capitólio é o prédio que abriga o governo dos Estados Unidos, onde se reúne o Congresso, que é formado pelo Senado e pela Câmara dos Representantes. No topo da cúpula do Capitólio, está uma obra em bronze que leva o nome de "Estátua da Liberdade".
- Em WASHINGTON se localiza uma das filiais do Museu Madame Tussauds. O museu possui uma das maiores coleções de celebridades, em cera, do mundo e nos permite fazer uma viagem na história da humanidade. Além de super-heróis, atores, cantores, cientistas e presidentes, até bola de cristal o museu possui

A BOLA DE CRISTAL

Uma bola de cristal é um instrumento usado por algumas pessoas e religiões, que, supostamente, têm a capacidade de ver o passado, prever acontecimentos futuros e fatos ocultos do presente. Muitas dessas pessoas são chamadas de médiuns ou videntes.

Mas não é preciso ter bola de cristal para saber o que a ciência descobriu e já nos confirmou: emoções e sentimentos que são escondidos, guardados ou reprimidos causam doenças no corpo.

E sabe por quê?

Porque quando escondemos, guardamos ou reprimimos sentimentos e emoções, criamos toxinas que começam a circular pelo nosso corpo e adoecem nossas células.

E você sabe quais são as doenças que provocamos com essas toxinas?

TODAS...

Isso mesmo: TODAS.

Não doem as costas, doem as cargas...

Não doem os olhos, dói a injustiça...

Não dói a cabeça, doem os pensamentos...

Não dói o estômago, dói o que a alma não digere...

Não dói o fígado, dói a raiva contida nele...

Não dói a garganta, dói o que se diz com raiva ou fica reprimido sem poder se expressar...

Concluímos, então, que doença não é algo que vem de fora, mas é algo que construímos com nossos pensamentos, atitudes, hábitos e escolhas.

Somos construtores de nós mesmos...

Construímos nossa saúde e nossas doenças!

E a dica da ANJA DOURADA deste texto é: não dói o coração, dói o AMOR. E é precisamente ele, o AMOR, que contém o mais poderoso remédio.

ÍNDIA

GANDHI

CURIOSIDADES SOBRE GANDHI

- O líder espiritual, pacifista e político MOHANDAS KA-RAMCHAND GANDHI nasceu na ÍNDIA, em 1869. Era chamado de *Mahatma* (Grande Alma) *Gandhi*.
- Foi um grande defensor da filosofia chamada "*satyagraha*", um termo hindi composto por duas palavras: SATYA que pode ser traduzida como verdade; e AGRAHA, que significa firmeza. Podemos dizer que o "*satyagraha*" era uma forma não violenta de protesto na India.
- Além de aderir à não violência, outra característica marcante de GANDHI era sua simplicidade. Vestia-se como os mais pobres e fazia questão de produzir sua própria roupa.
- GANDHI soube viver uma existência toda consagrada à paz e à liberdade. Foi assassinado em 30 de janeiro de 1948 por um fanático nacionalista hindu. Em 1948 morreu o herói, mas, para sempre, viverá o seu ideal.

VIVER OU EXISTIR

Você sabe a diferença entre VIVER e EXISTIR?

Existir não foi uma opção sua, você nasceu e pronto: está aqui.

Mas *Viver* é uma opção sua e está relacionada com a intensidade e com os valores que você vai escolher para construir a sua história.

Viver é valorizar a vida, valorizar cada dia, cada minuto, sabendo que esse dia e esse minuto são únicos.

A questão não é qual o sentido da vida, mas, sim:
- Quanto sentido você dá à sua vida?
- Qual valor você dá à sua vida?
- Quais lutas valem à pena?
- Quais pessoas valem a pena?
- Quais são os desejos do seu coração?
- Quais são seus sonhos verdadeiros?

É preciso questionar sempre.

Questione seus sonhos para que sua vida tenha sentido, tenha vários sentidos e que em todos eles haja afeto e amor!

A vida é rápida, mas que ela não seja também pequena.

Coloque pessoas nos seus sonhos, coloque pessoas nos seus sentidos, conecte seu coração com outros corações, porque isso, de fato, é o que vale a pena.

Nos leitos terminais dos hospitais do mundo, as pessoas não sentem falta das joias, do carro, da casa, das roupas de grife... Não... As pessoas sentem falta é das pessoas que não chegaram para abraçar, dos beijos que não foram dados, dos sorrisos que não aconteceram, dos olhares que não se cruzaram ou das mãos que não estão ali para amparar.

E a dica da ANJA DOURADA deste texto é: o mais importante na vida é nascer, deixar-se viver e amar todos os dias.

INGLATERRA

FAMÍLIA REAL BRITÂNICA

CURIOSIDADES SOBRE A FAMÍLIA REAL BRITÂNICA

- Não tem como pensar na INGLATERRA sem lembrar da FAMÍLIA REAL BRITÂNICA. O fato é que eles despertam a curiosidade do mundo inteiro.
- Elizabeth Alexandra Mary Windsor ou Rainha Elizabeth. Ela é chefe da Igreja Anglicana, odeia cigarros, não suporta crustáceos e decidiu abolir peles de seu guarda-roupa. Adora costeletas de cordeiro, caça, corridas de cavalos, quebra-cabeças e romances policiais, dizem as revistas.
- A imagem da Rainha no selo postal britânico é a obra de arte mais reproduzida da história, com cerca de 200 bilhões de exemplares.
- Em Londres, é possível encontrar e fotografar com a realeza, mas somente no Museu de Cera Madame Tussauds, onde a rainha Elizabeth II, o príncipe Charles, o príncipe William, a princesa Kate Middleton e alguns outros membros da família real se mostram mais acessíveis que em seus palácios reais.

UMA FAMÍLIA QUASE PERFEITA

Família real ou plebeia...
Família grande ou pequena...
Família rural ou urbana...
Família tradicional ou moderninha...
Família roqueira ou sertaneja...
Família light ou fast food...
Família rica ou pobre...
Família perto ou longe...
A verdade é que não existe família perfeita.
E sabe por quê?
Porque não vivemos em um mundo perfeito.
Simples assim: não somos perfeitos, não temos pais perfeitos, não nos casamos com uma pessoa perfeita, não temos filhos perfeitos.

Temos queixas uns dos outros, nos decepcionamos, nos magoamos e nos entristecemos.

Tudo isso é normal porque estamos em estágios evolutivos diferentes, em degraus diferentes de entendimento e compreensão **da** vida.

Por isso existe o *PERDÃO*.

Sem *perdão*, tudo adoece: a família adoece, os amigos adoecem, o casamento adoece... Até nosso corpo adoece.

O *perdão* é assepsia da alma, a faxina da mente e a alforria do coração. Quem não perdoa não tem paz.

Lembremos sempre de repetir incansavelmente:

– *EU*, um ser imperfeito... convivendo com outros seres imperfeitos... em um planeta ainda imperfeito... *NÃO HÁ PERFEIÇÃO*... Ainda!

E a dica da ANJA DOURADA deste texto é: sejamos gratos às pessoas... são elas quem plantam sementes em nossas vidas para que desabrochem lindas flores no jardim de nossa existência!

ÍNDIA

SANTA MADRE TERESA DE CALCUTÁ

CURIOSIDADES SOBRE SANTA MADRE TERESA DE CALCUTÁ

- Por seu serviço aos pobres, tornou-se conhecida, ainda em vida, pelo codinome de "*Santa das Sarjetas*". Foi uma freira católica, de etnia albanesa, naturalizada indiana.
- Teve seu trabalho humanitário e caridoso reconhecido ao longo da vida por instituições dentro e fora da Índia, recebendo o Prêmio Nobel da Paz em 1979.
- Foi beatificada, em 2003, pelo papa João Paulo II e canonizada, em 2016, pelo papa Francisco na Praça de São Pedro, no Vaticano.
- "*Missionárias da Caridade*" é uma congregação religiosa católica, concebida e fundada por Madre Teresa de Calcutá, com o objetivo único de viver a caridade no dia a dia, de modo a assistir e auxiliar os mais desvalidos e mais pobres. A congregação atualmente conta com cerca de 5 mil membros em 134 países do globo.

AS LUZES DA CARIDADE

Você já pensou que elogiar uma pessoa com sinceridade... é, também, uma forma de caridade?

Quando elogiamos alguém com sinceridade, enviamos luz à sua autoestima, e uma autoestima elevada nos faz ganhar um pedacinho do Céu, mesmo estando ainda sofrendo a gravidade da Terra.

Vou lhe contar uma história:

Ontem fui comprar flores para minha casa... E o senhor que estava no caixa da floricultura estava cabisbaixo, parecendo um pouco triste.

Aí pensei: o que posso fazer para que ele se sinta mais feliz? O que posso elogiar nele, com sinceridade, que o faça dar um sorriso?

Então eu disse enquanto pagava por minhas flores:

– O senhor tem cabelos bonitos, eles brilham.

Instantaneamente o senhor sorriu, me olhou nos olhos e disse:

– Ah... Eu não faço nada especial.

E eu respondi:

– Que sorte do senhor, as mulheres gastam fortunas para ter um cabelo tão brilhante quanto o seu!

Sorrimos uma vez mais e fui embora com a certeza que, naquele dia, que parecia um pouco triste para ele, plantei uma flor nos seus pensamentos.

Viu como é fácil?

Todos têm algo bonito, interessante e digno de ser elogiado.

Coloque um sorriso no rosto de alguém hoje!

E a dica da ANJA DOURADA deste texto é: quando começamos a perceber e a sentir a felicidade suprema de fazer os outros felizes, começaremos a entender melhor a verdadeira caridade.

BRASIL

HAROLDO DUTRA DIAS

CURIOSIDADES SOBRE HAROLDO DUTRA DIAS

- HAROLDO DUTRA DIAS é juiz de direito do Tribunal de Justiça de Minas Gerais, escritor, tradutor e palestrante nacional e internacional. Formado em língua grega clássica pela UFMG e em hebraico pela União Israelita de Belo Horizonte. Também, é especialista em paleontografia, crítica textual, aramaico e francês.
- É membro fundador do *Instituto Ser*, instituição espírita mineira com a qual desenvolve diversos projetos voltados à disseminação do estudo do Evangelho e da Doutrina Espírita.
- Apresenta extraordinário brilho no intelecto, mas também a humildade, a generosidade e a simplicidade das almas nobres, na fala e na postura.
- Possui notável conhecimento espírita e evangélico e propaga essa sabedoria, como um amigo verdadeiro e leal, que se preocupa e trabalha, incansavelmente, no plantio de sementes divinas, de *amor e sabedoria*, em nossos corações. À você, amigo Haroldo, minha eterna gratidão!

LAÇOS DE AMIZADE

Amigo é território sagrado, é parentesco de almas que se buscam e se reconhecem nos olhos.

E assim, de repente sem esperar, o coração cria uma música, na qual duas cordas afinadas no mesmo tom de júbilo vibram juntas para propagar uma exclusiva e magnífica sinfonia.

De alguma forma, algo aconteceu na cripta misteriosa do coração e a amizade surgiu.

Quantas vezes um verdadeiro amigo teve a capacidade de nos orientar nos momentos mais confusos, nos momentos em que nos sentíamos perdidos, frustrados, angustiados e até desesperados, não é mesmo?

E foi aquele amigo especial, aquele amigo verdadeiro, que teve a palavra certa, a atitude certa, o olhar certo para, literalmente, nos amparar, nos mostrar, nos guiar, nos fazer enxergar.

Amigo é luz que não deixa a vida entristecer.

Amigo é aquele que nos faz sentir melhor e, sobretudo, nos faz sentir amados.

Amigo é todo aquele que tem oportunidade de fazer bem à nossa vida.

Amigo é aquele que está comprometido com nossa felicidade e nosso crescimento espiritual.

Amigo corrige rotas, aconselha, orienta, levanta os véus de nossa ignorância, mostrando-nos caminhos mais suaves e felizes.

Amigo é paz, amor, compreensão e luz na escuridão.

E a dica da ANJA DOURADA deste texto é: JESUS é nosso melhor e maior amigo. E é justamente nossa amizade com JESUS que fará com que nossos corações sejam terrenos férteis para o plantio, o cultivo e a colheita de verdadeiras amizades no plano físico de nossa existência atual.

ESTADOS UNIDOS DA AMÉRICA

BILLY GRAHAN

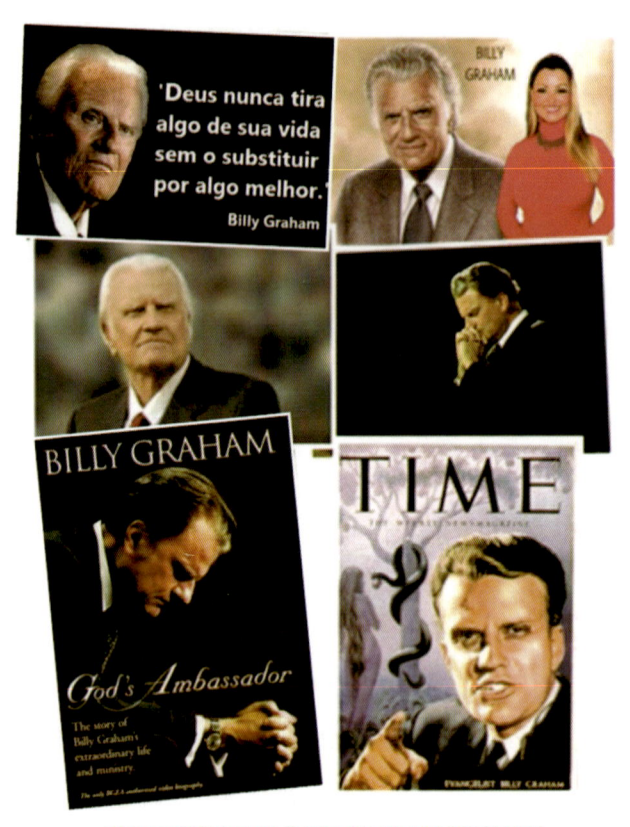

CURIOSIDADES SOBRE BILLY GRAHAN

- BILLY GRAHAN é conhecido como "*Embaixador de DEUS*". Nasceu em Charlotte, na Carolina do Norte. Viajou o mundo pregando o evangelho. Reunia verdadeiras multidões e já pregou pessoalmente para mais pessoas do que qualquer pregador da história ao redor do mundo;
- No Brasil, em 1974, durante cinco dias, reuniu no Maracanã mais de 615 mil pessoas. E o estádio fez um silêncio profundo para escutar sua pregação.
- Manteve contato próximo com reis, rainhas, presidentes norte-americanos, ministros e embaixadores, sendo considerado um dos líderes espirituais mais inspiradores do século XX.
- Em uma de suas pregações pelo mundo disse: DEUS nunca tira algo de sua vida sem o substituir por algo muito melhor...

DÊ TEMPO A DEUS

Você já sentiu que perdeu algo em sua vida que pensou fosse insubstituível?

Um emprego, um carro, uma casa, um amigo, um namorado...

Mas, analisando melhor hoje, é possível considerar que foi só dar tempo a DEUS para que ele lhe desse algo muito melhor: um emprego melhor, um carro melhor, uma casa melhor, relacionamentos melhores.

Dê tempo a DEUS... ELE sabe o que faz e trabalha em silêncio, no tempo d'ELE, tudo se ajeita e se faz superior.

ELE sabe a hora certa de agir na vida de quem sabe confiar.

Quando ELE prepara algo para nossa vida, com certeza, é algo que nos tornará mais felizes, mais sábios, mais fortes e mais justos.

DEUS conhece nosso coração e sabe que o coração humano é equivocado, e, em grande parte das vezes, aquele sonho lindo, com o passar do tempo, pode se transformar em um triste pesadelo.

Talvez você estivesse passando por um momento triste, uma situação complicada e você já pediu a DEUS, orou, suplicou, implorou, e nada aconteceu.

Então, você começa a pensar que DEUS não ouviu sua oração, ou que nunca irá lhe atender, ou até mesmo que você não é merecedor de receber esta graça que a tempos está buscando.

Pois eu tenho uma boa notícia: DEUS nunca erra.

Aguarde só mais um pouquinho.

E a dica da ANJA DOURADA deste texto é: as portas que não se abriram não são as portas certas.

ESTADOS UNIDOS DA AMÉRICA

CASA BRANCA

CURIOSIDADES SOBRE A CASA BRANCA

- A CASA BRANCA é a residência oficial e principal local de trabalho do presidente dos Estados Unidos da América. Ponto de referência da cidade de Washington D.C, recebe em torno de 3.500 visitantes por dia, o que equivale a 1,2 milhão de pessoas por ano.
- O projeto original é de autoria de James Helvan, um imigrante irlandês que se inspirou nas mansões neoclássicas de sua terra natal.
- Possui seis andares, três elevadores, oito escadas, 132 cômodos, 11 quartos, 35 banheiros, 412 portas, 147 janelas, 28 lareiras, uma biblioteca, uma doceria, uma floricultura, um centro de apicultura, uma quadra de basquete, uma pista de boliche e um bunker capaz de resistir a um ataque nuclear.
- Olhos e ouvidos mundiais estão sempre voltados para a famosa mansão, residência da icônica família Kennedy, dos descolados Obama e dos polêmicos Trump, somente para citar alguns. Palco de festas, homenagens, bailes, reuniões e também das decisões mais importantes da nação americana e do mundo.

CORAGEM

Você sabe o que as decisões dos políticos mais importantes do planeta têm em comum com as nossas decisões cotidianas?

A *Coragem*.

Essa energia moral perante situações difíceis traz em si a disposição e o equilíbrio como base de decisões, sentimentos e atitudes.

Coragem é conquista adquirida na sucessão das experiências evolutivas, entre variadas dificuldades e sofrimentos, mediante os quais se adquire resistência e calma para o enfrentamento necessário.

Quem é verdadeiramente corajoso traz serena confiança nas próprias resistências, não se expondo indevidamente, nem se permitindo sentimentos inferiores de raiva ou desejo de vingança.

Ser corajoso não significa, necessariamente, nunca ter medo... Mas significa agir, às vezes, mesmo com medo.

O estudante corajoso valoriza o aprendizado.

O mestre corajoso não desiste da lição.

O cidadão corajoso ama sua pátria e respeita as leis.

O profissional corajoso abraça, com disciplina, o cumprimento do dever.

Os pais corajosos educam seus filhos com base em valores éticos e morais.

Os filhos corajosos respeitam, obedecem e amam seus pais.

Aprendamos sobre a verdadeira *coragem* com JESUS, que nunca abandonou suas convicções e que, em nenhum momento, usou da violência física ou moral para fazer com que n'ELE acreditassem, seguissem ou amassem.

E a dica da ANJA DOURADA deste texto é: o ser humano corajoso não tem medo de amar!

ITÁLIA
FONTE DE TREVI

CURIOSIDADES SOBRE A FONTE DE TREVI

- A FONTE DE TREVI (em italiano LA FONTANA DI TREVI) é a maior e mais famosa fonte barroca da Itália e considerada uma das mais belas fontes do mundo. Possui aproximadamente 26 metros de altura e 49 metros de largura.
- A fachada da FONTE DE TREVI é baseada em dois elementos arquitetônicos: mármore travertino e mármore carrara. O tema dominante de todas as esculturas da fonte é o mundo marinho.
- O monumento foi o cenário de uma das cenas mais famosas do cinema italiano. No filme *La Dolce Vita*, de Federico Fellini, Anita Ekberg entra na água e convida Marcelo Mastroianni a fazer o mesmo.
- A tradição diz que se você visitar a fonte e jogar uma moeda na água, você irá voltar a Roma.

UMA LINDA FONTE

Certo dia, alguém passou por uma fonte com muita sede e bebeu de sua água. A fonte ficou tão feliz que disse para si:

– Eu quero ajudar a todos que passarem por mim com minha água preciosa, pura, limpa e transparente.

E orou a DEUS pedindo ajuda.

Alguns dias depois, percebeu alguns pássaros bebendo sua água. A fonte, sentindo-se útil, pediu ajuda a DEUS novamente dizendo:

– Que bom é ser útil. Eu gostaria de ir além dos meus limites para umedecer as raízes das árvores e correr a céu aberto, alimentando com minha água outras plantas e animais.

Veio então a chuva, a fonte transbordou e tornou-se um córrego. Assim: animais, aves, homens, crianças e plantas beneficiaram-se dela.

A fonte muito feliz, orou:

– Meu DEUS, como é bom ser um córrego. Mas se eu fosse um rio conseguiria ajudar ainda mais.

DEUS fez chover abundantemente e informou:

– Você se transformará em um rio... E o destino dos rios é alcançar o mar!

Assim aconteceu... O córrego transformou-se em rio e estava em direção ao mar, quando encontrou o seu primeiro impedimento: uma grande árvore caída que bloqueava seu caminho.

O rio então parou, cresceu em volume suas águas, transpôs a árvore tranquilamente e seguiu viagem.

Mais adiante, outro impedimento ainda maior: uma montanha de pedra, impossível de ser removida por causa de seu peso e de seu tamanho.

O rio mais uma vez parou, cresceu o volume de suas águas por um tempo maior, transpôs a montanha e finalmente pode chegar ao mar, alcançando o destino que DEUS havia escolhido pra ele!

E a dica da ANJA DOURADA deste texto é: se surgir um impedimento em seu caminho: silencia, cresce e o transpõe, porque o seu destino é o oceano da Misericórdia Divina.

BRASIL
RENATO PRIETO

CURIOSIDADES SOBRE RENATO PRIETO

- RENATO PRIETO nasceu em Vitória, no Espírito Santo. Diretor e ator, famoso por atuações em teatros e filmes com temática espírita, reina absoluto nesse segmento.
- Uma vida dedicada à arte e à espiritualidade, consegue reger sua trajetória nesta sincronia, e com tamanha maestria, que seu sucesso ultrapassa as fronteiras do Brasil.
- Dono de um currículo que inclui mais de 20 peças teatrais, vistas por aproximadamente 6 milhões de pessoas, RENATO também atuou em filmes como: *A Menina Índigo, Irmã Dulce, Bezerra de Menezes, Suicídio Nunca*, e no filme *Nosso Lar* foi o protagonista André Luiz.
- O filme brasileiro *Nosso Lar*, com direção de Wagner de Assis, é uma superprodução inspirada em um dos mais importantes livros psicografados pela mediunidade iluminada de Chico Xavier. O filme atingiu um impressionante público de mais de 10 milhões de espectadores em 40 países, conquistando uma posição de destaque no *ranking* dos filmes mais vistos da história do cinema nacional.

A CASA E O LAR

Você sabe a diferença entre a *CASA* e o *LAR*?

Casa é uma construção de cimento, tijolos e pedras. É o lugar, o ninho que nos acolhe todos os dias e nos protege das chuvas, do frio, dos ventos, do sol e da escuridão da noite.

Lar é uma construção de valores e princípios, onde crescemos, recebemos amor, correção e educação para o resto de nossas vidas.

Quem não se lembra dos momentos mais felizes vividos no *Lar*?

E são exatamente esses momentos que construíram em nós bases sólidas, que nos sustentam até os dias de hoje e nos ajudam a enfrentar as dificuldades da vida.

Casa é abrigo das forças da Natureza...

Lar é abrigo do medo, da dor e da solidão.

Casa pode ser um nó que aperta, oprime e sufoca.

Lar é um laço que junta e aconchega.

Em uma *Casa* podem acontecer muitas lágrimas...

Em um *Lar* plantam-se sorrisos.

Casa é o local onde podem ocorrer conflitos e discórdias sem fim.

No *Lar*, quando os conflitos surgem, estes servirão para esclarecer, orientar e engrandecer.

Em uma *Casa* podem surgir milhares de problemas.

O *Lar* é o Centro de resolução dos problemas e, estruturado no amor e no respeito individual, é mola propulsora do progresso e da felicidade.

Como vai o *Lar*... vai o mundo.

O que é bom para o *Lar* é bom para o mundo!

E a dica da ANJA DOURADA deste texto é: se você ainda mora em uma *Casa*, o desafio é que a transforme, com urgência, em um *Lar*. E por onde começar? Comece fazendo um convite especial a JESUS para que ELE seja seu eterno hóspede!

BRASIL

VARIG

CURIOSIDADES SOBRE A VARIG

- Uma das primeiras companhias aéreas do Brasil, a *VARIG* foi fundada em 7 de maio de 1927, pelo alemão Otto Ernest Meyer, na cidade de Porto Alegre – Rio Grande do Sul, sob o nome *Viação Aérea Rio Grandense*.
- Entre as décadas de 1950 e 1970, a empresa era uma das maiores e mais famosas companhias aéreas do mundo. Transportou inúmeras celebridades, nacionais e internacionais, incluindo artistas, cineastas, papas, jogadores de futebol, políticos e todos os presidentes brasileiros, desde Getúlio Vargas até Fernando Henrique Cardoso.
- Alguns momentos marcantes da história da empresa foram: a visita do papa João Paulo II a uma aeronave da empresa; o transporte do corpo do piloto Ayrton Senna da Itália para o Brasil, a chegada da Seleção Brasileira de futebol tetracampeã, no espaço aéreo de Brasília, sendo escoltada por jatos da Força Aérea Brasileira, seguida do taxiamento da aeronave, com o jogador Romário empunhando a bandeira brasileira, na janela da cabine de comando.
- A VARIG conquistou o título de melhor pintura aérea do mundo, a qual consistia em duas cores; o azul e o branco, com sua famosa estrela (rosa dos ventos) no estabilizador vertical. *VARIG VARIG VARIG*. A estrela brasileira continuará sempre brilhando nos corações daqueles que, como eu, fizeram parte de sua história.

TODOS SOMOS ESTRELAS

"Somos feitos da mesma matéria das estrelas", afirmou Carl Sagan, famoso astrofísico, astrônomo, cosmólogo e escritor considerado um dos cientistas mais influentes da história.

A questão é: como os cientistas sabem quais elementos compõem as estrelas se eles não conseguem chegar até elas?

Elementar, meu caro Watson...

É mais ou menos assim: cada elemento emite um comprimento de onda de luz diferente. É como se cada elemento tivesse sua própria *marca*. Assim, analisando cada *marca,* os cientistas conseguem distinguir de qual elemento é aquela emissão.

Tudo devidamente captado por um instrumento de alta tecnologia chamado espectrógrafo.

Maravilhosa fonte de ensinamentos é a Ciência, e ao devassar o espaço, pesquisar galáxias, investigar planetas, desvendar mundos e analisar estrelas, ela abre uma porta para a realidade de tudo o que é Divino.

Vivemos em um Universo onde tudo e todos estão conectados, então podemos concluir que nossa existência é divina, e divina é também a realidade, com sua alta dose de magia, sempre nos remetendo ao extraordinário, poderoso, majestoso, impressionante e ainda misterioso existir.

Quanto mais aprendemos sobre o mundo, mais compreendemos que DEUS não se afasta da Criação, Ele é sua Criação, criador e criatura são a mesma matéria.

Estamos no Universo, somos parte do Universo e o Universo está em nós.

Somos feitos da mesma matéria das estrelas, somos poeira cósmica, *todos somos estrelas.*

Abençoemos os astrônomos, químicos, físicos, astrofísicos... pois são eles que nos trazem novos conhecimentos para compreendermos melhor o mundo.

E a dica da ANJA DOURADA deste texto é: nunca permita que alguém corte suas asas, estreite seus horizontes e tire as estrelas do seu céu. Jamais deixe que seus medos sejam maiores e mais significativos que sua vontade de voar.

IRLANDA

DUBLIN

CURIOSIDADES SOBRE A IRLANDA

- DUBLIN, com mais de 1 milhão de habitantes, é a capital da Irlanda. Linda e amigável, possui lugares muito especiais e curiosos, como por exemplo, uma região inteira dedicada aos famosos pubs (bares). Destaque para o colorido e renomado Temple Bar.
- Cidade Viking, DUBLIN foi fundada pelos nórdicos que se estabeleceram por lá e chamaram a cidade de "Reino Nórdico do Lago Negro". A palavra DUBLIN, aliás, significa "Lago Negro" em gaélico.
- A Irlanda é um dos poucos países do mundo que permite que os brasileiros façam intercâmbio de estudo e trabalho, aprendendo inglês e podendo exercer atividades remuneradas no turno contrário. Por isso encontramos nossos conterrâneos por lá, em todos os lugares.
- Algo que me chamou bastante atenção foram os ventos muiiiito fortes, inclusive, encontrei pela cidade, centenas de árvores amarradas com cabos de aço com a intenção de protegê-las das rajadas freqüentes.

OS VENTOS DA VIDA

Meu padrinho de coração, Sylvio Santos, era uma criança muito pobre, porém, carregava um grande sonho em sua mente: tornar-se piloto. Aos 18 anos de idade ganhou na loteria esportiva e ficou rico... muito rico. Comprou carros, apartamentos e até um supermercado. Mas sua maior riqueza ainda estava por vir.

O sonho de criança virou realidade e Sylvio, por muitas décadas, foi piloto de uma das maiores empresas que o Brasil já conheceu: a PANAIR. Ganhou asas e conquistou o mundo como sonhava seu coração de criança.

Era também um instrutor apaixonado e exigia das centenas de alunos que formou: disciplina, responsabilidade e coragem.

Certa vez observei um piloto-aluno perguntar a ele:

– Comandante Santos, o senhor viu o vento hoje? Percebendo tensão e angústia na pergunta, respondeu:

– Não, não vi.

O piloto-aluno usando um tom de desabafo exclamou: – Está péssimo!

Percebendo que o aluno estava com medo perguntou: – Quantos aviões irão decolar hoje? – Não sei Comandante Santos, mas serão muitos. – E o vento está péssimo só na sua rota? E o aluno um pouco tímido respondeu: – Não! Está péssimo pra todo mundo. E meu padrinho com tranquilidade respondeu: – Para um verdadeiro tripulante, não existe vento péssimo, pois o vento é igual para todos e precisamos voar, cumprindo nosso dever. Aprenda que os ventos da vida sopram e continuarão soprando, mas cabe a cada um de nós saber utilizá-los a nosso favor.

E a dica da **ANJA DOURADA** desse texto é: coragem não significa ausência de medo; coragem significa enfrentar os ventos desconhecidos apesar de todos os medos.

ÁFRICA

MARRAKESH

CURIOSIDADES SOBRE MARRAKESH

- Localizado no extremo norte da África, o Marrocos é um país cheio de história e cultura. Possui paisagens deslumbrantes que combinam desertos, montanhas e litorais, com uma gastronomia picante e exótica.
- Conhecida como a cidade vermelha, MARRAKESH é o local certo para viajantes interessados em escapar das paisagens cinzentas das metrópoles modernas e se perder em um universo de cores.
- As mulheres usam lenços para cobrir a cabeça. Se vestir de branco é sinal de luto e as pessoas chegam a usar branco durante 40 dias.
- Apaixonados por chá, os marroquinos tem o hábito de ingerir a bebida varias vezes por dia. O mais popular é o chá verde com hortelã, servido bem quente e bem doce. Mas, o que mais me impressionou foram as árvores frutíferas espalhadas pela cidade inteira, principalmente laranjeiras, servindo com muita fartura a população marroquina e todos que a visitam.

VAMOS MUDAR O MUNDO?

Laranja, mexerica, uva, abacaxi, carambola, morango, mamão, ameixa, pera, jambo, banana, melancia, abacate, abiu, graviola, amora , cacau, limão, maçã, pêssego, maracujá...

Uau! Você já reparou como existe uma variedade enorme de frutas na natureza?

E sabe por quê?

Porque o Criador do Universo é criativo, próspero e ELE nos demonstra isso em tudo que nos cerca. Basta abrirmos os olhos para enxergarmos as bençãos extraordinárias que nos rodeiam.

E meu convite aqui é bem simples:

- Vamos mudar o mundo?

Eu te convido a nunca mais desprezar as sementes que a natureza te enviou. Cada fruta que chegar a sua mesa, doce ou azeda, grande ou pequena, vermelha, verde ou amarela, guarde as sementes e deixe que elas sequem ao sol.

Depois que estiverem bem sequinhas, guarde-as em uma caixinha ou saquinho de papel (plástico não).

Todas as vezes que você for para o campo, ou enquanto estiver viajando por uma estrada, jogue essas sementes no solo, livremente, com alegria, pelas janelas do seu carro! Se encontrar uma fenda, um buraco, uma abertura, uma fissura pelo caminho, jogue algumas lá dentro também. Se puder cavar o solo com uma pá e jogar as sementes, aduba- las, rega-las e cuida-las, melhor ainda.

Com este ato simples vamos multiplicar as árvores das ruas, dos bairros, das estradas, das cidades, dos países...do mundo inteiro. Toda terra é abençoada para o plantio.

Vamos começar hoje a plantar as sementes do amanhã e ver a mágica acontecendo?

Com certeza o mundo nunca mais será o mesmo!

E a dica da ANJA DOURADA desse texto é: podemos abrir uma laranja e contar quantas sementes existem dentro dela, isso é natural. Mas somente JESUS sabe quantas frutas existem dentro de cada semente, isso é espiritual!

OS ANJOS

Parte 1

Eu quero encerrar os últimos capítulos deste livro escrevendo sobre um dos meus assuntos prediletos: **OS ANJOS**.

HIERARQUIA DOS ANJOS

A palavra **ANJO** significa *"MENSAGEIRO"*.

Os *ANJOS* são criaturas puramente espirituais, servidores e mensageiros de DEUS, poderosos executores de suas ordens, obedientes ao som de suas palavras.

Como em um exército, onde existem as hierarquias, postos e graduações, os *ANJOS* também respeitam uma hierarquia angelical que é composta por nove coros:

SERAFINS,
QUERUBINS,
TRONOS,
DOMINAÇÕES,
POTÊNCIAS,
VIRTUDES,
PRINCIPADOS,
ARCANJOS e
ANJOS.

São agrupados em três níveis diferentes:
- Um nível mais próximo do Criador,
- Um nível intermediário,
- Um nível mais próximo aos seres humanos.

No nível mais próximo do Criador, numa esfera muito distante da nossa, estão os SERAFINS, QUERUBINS e TRONOS.

No nível intermediário, temos as DOMINAÇÕES, VIRTUDES e POTÊNCIAS, e é essa hierarquia angelical que praticamente coloca "em ordem" nosso Sistema Solar.

No terceiro nível, temos os PRINCIPADOS, ARCANJOS e ANJOS. E é com essa hierarquia angelical que nós, seres humanos, temos maior sintonia, maior proximidade.

OS ANJOS

Parte 2

CURIOSIDADES SOBRE OS ANJOS

Importante saber que nosso *Anjo da Guarda* é um enviado de DEUS à nossa vida para nos proteger, cuidar, amar, aconselhar, orientar, mas nunca nos obrigar a um comportamento ou atitute.

Não há segredo entre você e seu *Anjo da Guarda*, trate-o como um amigo fiel e verdadeiro, porque Ele é; sempre nos ajudando, sem pausas, folgas, férias ou licenças; em todas as situações da nossa vida.

Algumas dicas interessantes:

Quando você encontra uma pessoa, como você a cumprimenta?

Bom dia...

Boa tarde...

Boa noite, não é mesmo?

Crie o hábito de cumprimentar, silenciosamente, o *Anjo da Guarda* dessa pessoa também e isso, com certeza, irá ajudá-lo no seu relacionamento com ela.

E assim como cumprimentar, experimente orar pelo *Anjo da Guarda* das pessoas nas quais você, no momento, tem encontrado certas dificuldades.

Vale lembrar também que não apenas pessoas possuem *Anjos da Guarda*, como também cidades, países, igrejas, parques e até ruas. Então crie o hábito de saudar, silenciosamente, o *Anjo* protetor dos lugares e não somente das pessoas.

Quando você não puder ir fisicamente até alguém que você quer, peça ao seu *Anjo da Guarda* que vá até esse alguém em seu lugar, seque suas lágrimas e o proteja contra o mal, a doença, a dor, o sofrimento, a angústia e a tristeza.

OS ANJOS

Parte 3

SINTONIA COM OS ANJOS

Cada ser que caminha sobre a Terra, consegue perceber as coisas a partir da sua própria perspectiva, a partir de suas próprias experiências.

Então, para elevar nosso padrão vibratório é preciso escollher com mais força de vontade e perseverança, pensamentos, sentimentos e atitudes positivas.

Quando realmente tornamos nossa vida diária plena de positivismo, surgem algumas percepções e sentimentos que entram em ressonância com nossa essência espiritual nos revelando uma verdadeira sintonia com os Anjos.

E quais seriam essas percepções e sentimentos?

- Sensação de bem-estar... Leveza... Tranquilidade. Uma paz profunda e verdadeira dentro do coração.
- Clareza mental... As situações, os fatos, os acontecimentos são claros. Existe uma limpidez mental nos pensamentos. Parece que você entra em outro nível da sua consciência, da sua percepção. Ideias surgem de forma inexplicável.
- Motivação para melhorar o mundo que o cerca, você tem vontade de melhorar a casa, a rua, o bairro, as pessoas e principalmente você mesmo.
- Vontade de aprender, de evoluir, de ter mais conhecimento.
- A compaixão, o amor, a caridade, a amizade, o perdão tornam-se virtudes que permeiam a vida cotidiana daqueles que são banhados pelas luzes angelicais.

OS ANJOS

Parte 4

SINAIS DOS ANJOS

Existem alguns sinais e percepções que surgem quando os *ANJOS* estão ao nosso redor e querem que notemos sua presença.

E por que, às vezes, eles precisam se fazer presentes de forma física?

Porque vivemos em um plano físico de existência e ainda somos muito, digamos, descrentes e desconfiados.

E os *ANJOS*, sabendo do nosso estágio atual evolutivo, nos ajudam a fortalecer nossa fé através dessas manifestações.

Aqui irei ressaltar quatro sinais e percepções mais comuns para mim:

- *Flashes de Luz...* E não importa se você está de olhos abertos ou fechados. São *flashes* rápidos e com cores diferentes: às vezes dourados, azuis, violetas, verdes... Não importa a cor. Você entenderá isso quando acontecer com você. São *flashes* rápidos e coloridos.
- *Músicas calmas...* Tranquilas, que curiosamente aparecem. E não importa se você está no banho, assistindo TV ou até com as turbinas de um avião ligadas... A música angelical aparece, inexplicavelmente é ouvida somente por você.
- *Aromas...* Que podem ser: cheiro de flores, de incensos, de perfumes. Às vezes, esses aromas vêm e permanecem por alguns minutos, horas ou até um dia inteiro, como as músicas.
- *Materialização de penas brancas...* Às vezes grandes, às vezes pequenas. Impressionante é que você poderá estar com as janelas fechadas, que elas aparecem mesmo assim.

Espero que cada um de nós retome, com amor e determinação, o relacionamento com nosso *ANJO DA GUARDA*, pois temos muito a aprender com esse protetor, mensageiro de DEUS e amigo fiel.

Agradecimento especial a todos os seres alados que já cruzaram minha vida, me ajudaram e continuam a me proteger em minha jornada pelo mundo!

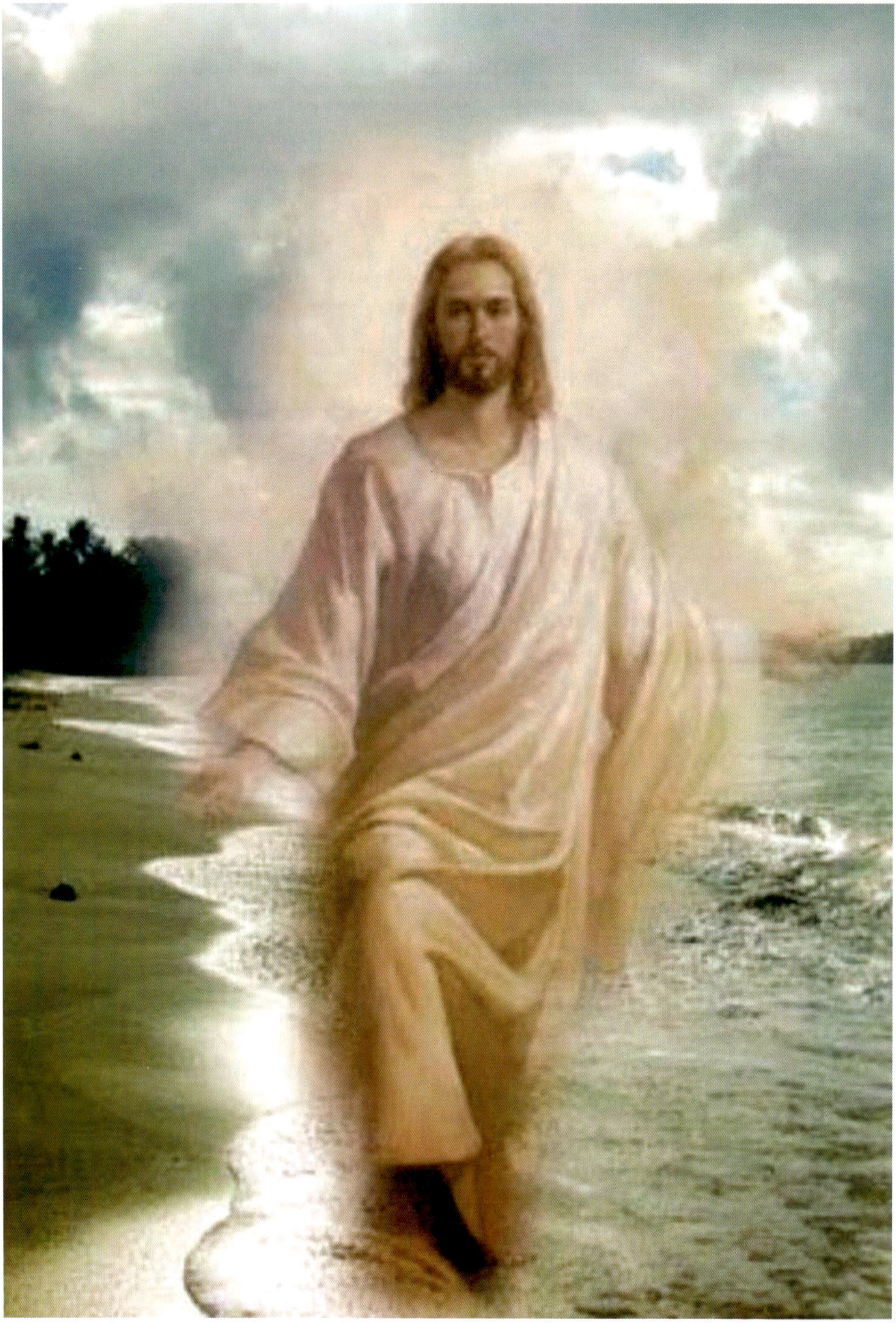

ANJA DOURADA

E a dica da ANJA DOURADA desse livro é:

Nem todos os *ANJOS* têm asas, às vezes, eles estão aí, bem pertinho... te fazendo sorrir, refletir, despertar, perdoar, compreender, ajudar, enxergar, amar...

Alguns cortam seu cabelo, outros fazem sua comida, limpam sua rua, sua casa, sua cidade, embelezam seu jardim... Outros dedicam anos da própria vida na descoberta de medicamentos para extinguir as dores do seu corpo... Temos também aqueles que passam noites insones, com a missão de transportá-lo em viagens importantes e inesquecíveis.

E como não se lembrar daqueles que constroem sua casa, seu carro, seu computador, seu ar-condicionado, sua mesa, sua porta, sua TV, seu celular...

Existem *ANJOS* que cuidam de suas doenças, de sua saúde, de seu dinheiro, de seus documentos, de seu aprendizado... Temos aqueles que produzem roupas para vesti-lo e tecnologia para você assistir, se comunicar e se divertir.

Temos também aqueles que acordam bem cedinho para preparar o pão para o seu café da manhã ou para plantar o arroz e o feijão para seu almoço, jantar e bem-estar.

Quantos *ANJOS* você tem na sua vida e nem tinha se dado conta ainda, não é mesmo?

Que tal nos transformarmos em ANJOS também...

ANJOS de carne e osso, mas com um imenso amor no coração, e sairmos pelo mundo, juntos, transformando a Terra em um planeta...

COM ASAS... DE AMOR E SABEDORIA.

Que JESUS seja sempre nossa melhor companhia e maior inspiração!

AGRADECIMENTOS ESPECIAIS

KIM... Os voos mais altos e mais longos da minha existência só se tornaram possíveis por causa do seu amparo e proteção.

MESTRE MNGYAR... Obrigada por me ensinar que a missão de um beija flor é voar e encantar um coração por vez!

JACY LOPES... com você aprendi a arte de plantar frutas e flores pelos caminhos do mundo.

EDSON HONORATO... editor querido, até nos encontrarmos novamente, que JESUS o tenha suave e seguro na palma de sua mão.

VITOR HENRIQUE... irmãozinho, sua confiança me deu ainda mais inspiração.

JOÃO GABRIEL BAÍA MENEGHITE... Obrigada por sua amizade e percepção jornalística.

MIRIAM CALÁBRIA, INESINHA XAVIER, SANDRA VITOI, JOARA BARBI, JANETE NAIVERTH, KARLA PROENÇA, BÁRBARA WOLFF,.. Mais que professoras, vocês foram mestras que me inspiraram a me tornar a melhor versão de mim mesma.

EMERSON BIANCO... Obrigado pelo toque especial nos meus projetos.

JUSSARA THOMAZ e AMANDA ALMEIDA... Vocês foram apoio, quando tudo era apenas o início de uma longa jornada.

ADEILSON SALLES... Um verdadeiro amigo nos pega pelas mãos e nos guia por novos caminhos.

DANIEL BERTORELLI E SANSARAH BEERMANN... A vocês entrego o Oscar da minha eterna amizade.

FÁBIO BARROS E FERNANDA POSSE... O carinho e ternura de vocês fazem minha vida mais feliz.

HAROLDO DUTRA DIAS... Obrigado por trazer o céu para mais perto da minha mente e do meu coração. Você é fonte de inspiração profunda.

RENATO PRIETO... Guerreiro incansável da luz. A você minha genuína admiração.

DANIEL DENEGRI e NATHALIA BALDON... Je t'aime beaucoup.

NORMA ZIMMER... Seu olhar maternal e sua força me incentivam a seguir sempre em frente.

ANJA GABRIELLA... nossa Fundação já é semente que germina.

ZÉLIA ZUPERTI... Sua presença transborda delicadeza e transforma New York em poesia.

BEATRIZ SILVA... Suas palavras tem o néctar dos deuses.
TEREZINHA... minha segunda mãe e madrinha do coração.
MÔNICA E OCYEL... irmãos que a vida, com amor, me concedeu.
CRISTINA SERPA... Advogada da paz.
XÊNIA BRANDÃO... Fadinha que a todos encanta. Te admiro
MIRIAN LEIRIAS... MILA, você é nossa irmã-guardiã.
GISELA ANTONITSCH, GERTRUDES PUCARELLI, LIZ MACHADO, FERNANDA GALLO, DENISE BRUMATI, RENATA SOUZA, ROSANNE FRANÇA E JOSI RIBEIRO... É um grande privilégio trabalhar e fortalecer minhas asas ao lado de cada uma de vocês.!
IRMANDADE DAS ANJAS... Anja Mãe, Anja Luz, Anja Mestra, Anja Serena, Anja Estrela Guardiã, Anja Jasmim, é Jasmim Anja Diva, Anja Gabriella, Anja Jade, Anja Aurora, Anja Elvira, Anja Paz, Anja Flor, Anja Pet, Anja Fênix, Anja Linda, Anja Ariana, a amizade de vocês, duplica minha felicidade, reduz meu sofrimento e engrandece minha alma.
LUCIANA NEDER... você foi, é e sempre será sublime.
MARÍLIA VASCONCELOS... sua amizade chegou como um raio de sol na escuridão da noite.
MARCOS AURÉLIO SOUZA... sua genialidade deu asas a um grande sonho.
HENRIQUE, JOSIMAR, EDUARDO, JOILSON, LICIO, EDGAR, JEOVANI, HENRIQUE FILHO... mãos fortes, precisas e preciosas que constroem refúgios de paz.
DYLTOM BAPTISTA... sua voz macia aplaca as dores e espalha cores pelo ar.
TIA CICI, TIO ERALDO, ANDREA, PAULO, TIA APARECIDA, TIO LUCAS, RENATO E RITA... Minha vida com vocês foi, é e sempre será minha melhor parte.
MÁRIO, MINERVINA, OLÍVIO e RITA... meus avós amados, a construção do meu ser mais profundo só foi possível graças ao amor incondicional de vocês.

Gratidão eterna!

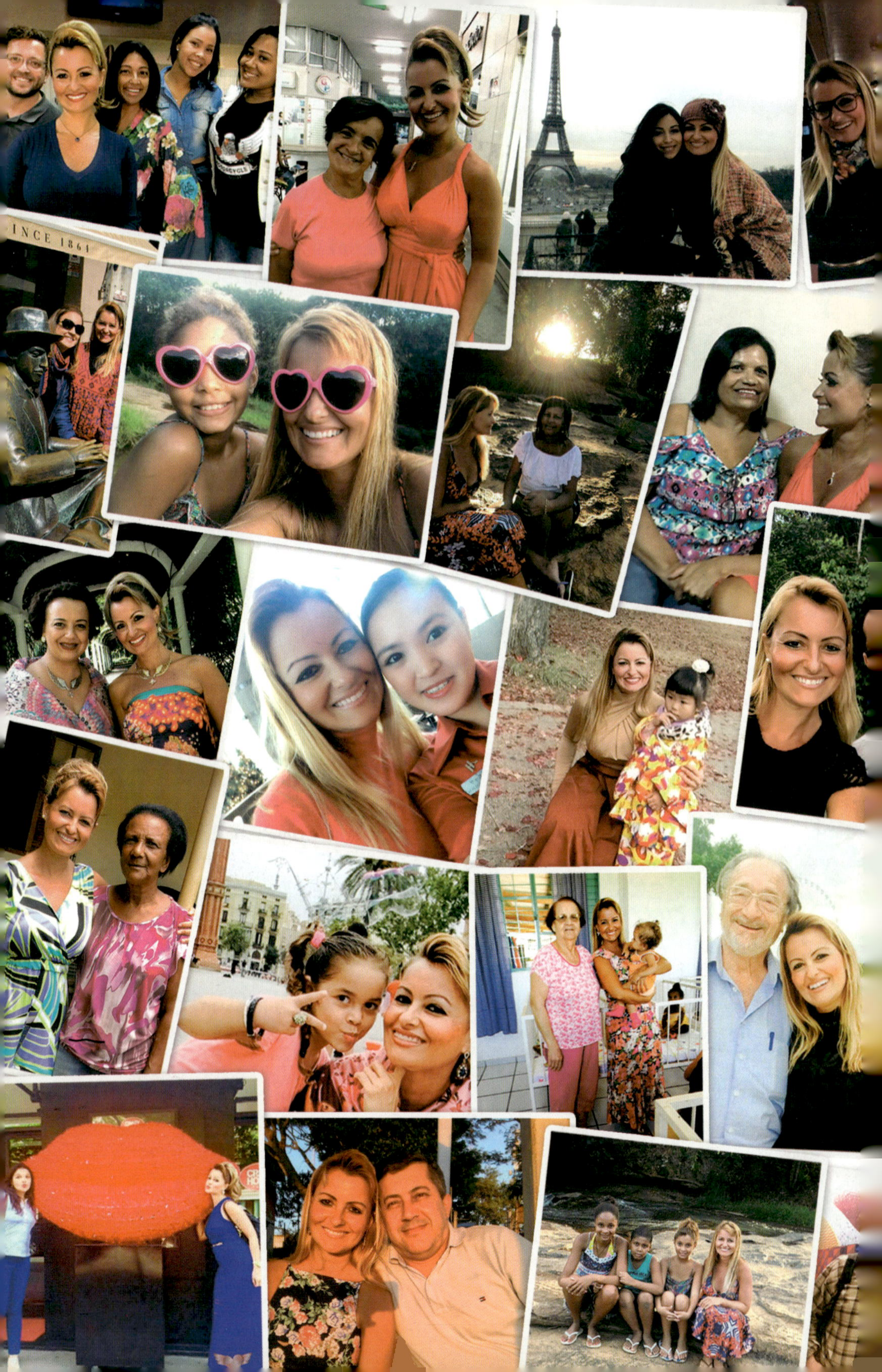
INCE 1864

Uma parceria

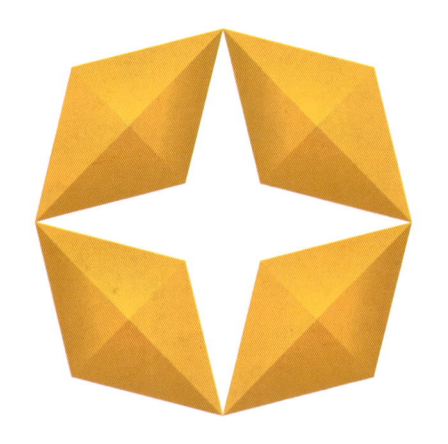

SBCOACHING

Agradecimento Especial a
VILLELA DA MATTA
e FLORA VICTORIA

MADRAS® Editora

CADASTRO/MALA DIRETA

Envie este cadastro preenchido e passará a receber informações dos nossos lançamentos, nas áreas que determinar.

Nome _____

RG _____ CPF _____

Endereço Residencial _____

Bairro _____ Cidade _____ Estado ____

CEP _____ Fone _____

E-mail _____

Sexo ❏ Fem. ❏ Masc.   Nascimento _____

Profissão _____ Escolaridade (Nível/Curso) _____

Você compra livros:
❏ livrarias   ❏ feiras   ❏ telefone   ❏ Sedex livro (reembolso postal mais rápido)
❏ outros: _____

Quais os tipos de literatura que você lê:
❏ Jurídicos   ❏ Pedagogia   ❏ Business   ❏ Romances/espíritas
❏ Esoterismo   ❏ Psicologia   ❏ Saúde   ❏ Espíritas/doutrinas
❏ Bruxaria   ❏ Autoajuda   ❏ Maçonaria   ❏ Outros:

Qual a sua opinião a respeito desta obra? _____
_____

Indique amigos que gostariam de receber MALA DIRETA:

Nome _____

Endereço Residencial _____

Bairro _____ Cidade _____ CEP _____

Nome do livro adquirido: ***Com Asas de Amor e Sabedoria***

Para receber catálogos, lista de preços e outras informações, escreva para:

MADRAS EDITORA LTDA.
Rua Paulo Gonçalves, 88 – Santana – 02403-020 – São Paulo/SP
Caixa Postal 12183 – CEP 02013-970 – SP
Tel.: (11) 2281-5555 – Fax.:(11) 2959-3090
www.madras.com.br

MADRAS Editora

Para mais informações sobre a Madras Editora,
sua história no mercado editorial
e seu catálogo de títulos publicados:

Entre e cadastre-se no site:

www.madras.com.br

Para mensagens, parcerias, sugestões e dúvidas, mande-nos um e-mail:

marketing@madras.com.br

SAIBA MAIS

Saiba mais sobre nossos lançamentos,
autores e eventos seguindo-nos no facebook e twitter:

@madrased

/madraseditora